행운을 드리는 좋은 이야기 + 신심명

이 책은 1996년에 처음 발간되어 재판에 재판을 거듭하였습니다.
한국(영남)불교대학 大관음사의 초창기 역사와 비전을 담고 있는 중요한 자료입니다.

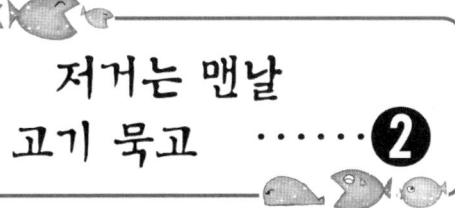

無— 우학스님 수필집

도서출판 좋은인연

2권을 내면서

9월말이었던가.

해제철에 도반 스님들과 함께 전국 행각을 하던 중에 강원도 오대산을 찾은 적이 있다.

떨어지기 시작한 울긋불긋한 홍엽을 온몸으로 비처럼 맞으며 우리는 능선 오솔길을 일렬종대로 휘적휘적 걸었다.

군데군데 싱싱한 기운으로 버티고 있는 주목(朱木)이 참 인상깊었다.

일행은 정산 아래쪽 후미진 곳에서 큰 돌배나무 한 그루를 발견했다. 마침, 돌배는 반쯤 땅에 떨어지고, 반쯤은 나뭇가지에 대롱대롱 겨우 달려 있었다.

우리들은 약속이나 한 듯 걸망을 내려놓은 채 그 돌배를 주섬주섬 주워 모았다. 그리고는 시장기가 있어서 되는대로 깨물어 먹었다.

돌배 맛은 꿀 맛이었다.

조금 쉰 후 다시 나무밑둥을 발로 차서 달려있는 돌배를 모두 떨어뜨렸다. 걸망에 잔뜩 채워 기거하던 처소로 지고 돌아왔다. 약간의 첨가물을 넣고 돌배를 통째로 잘 절였다.

도반 스님들은 모두 성질이 급해서 오래 숙성시키지 못하고 보름만에 개봉하였다.

산바람이 선선해서 좋은 10월의 어느날 저녁, 아직 다 지지않은 오동나무 잎새가 달그늘을 이루고, 우리는 그 오동나무 아래에 평상을 놓고 과차(果茶)를 마셨다.

수억 겁 세월을 기다려 만난 인연처럼. 우리는 과차 한 잔씩에 '세상에 이런 차도……' 하면서 감탄사를 연발하지 않을 수 없었다.

달콤새콤하다고 할까? 매콤찌콤하다고 할까…….

아무튼 표현할 말이 없다.

마시는 사람만이 스스로 느낄 뿐이다.

나는 지금껏 살아오면서 14~15년 전 오동나무 달그늘에서 마신, 오대산 돌배로 담은 과차 맛을 잊을 수가 없다.

며칠 전, 그때 그 도반 스님들과 모임이 있었는데 모두가 그 이야기였다.

좋은 날
좋은 도반
좋은 차
좋은 달빛
좋은 바람

　여기 실린 이야기 한편한편은 오대산 돌배차 맛처럼 나에게는 큰 감동이었다. 그러나 써놓고 보면 무언가 속이 후련하지 않다. 맘이 지닌 한계두 한계이거니와 글솜씨의 부족함도 함께 느낀다.
　편안한 마음으로, 때로는 산문의 형식으로 때로는 운문의 형식으로 이렇게 두번째 글을 모았다.

　참으로 좋은 인연입니다.

불기 2540년 초여름
無一 우학 합장

글 아래 한문은 신심명(信心銘)입니다.

글 실린 순서

제 1 장

필연·13 사랑과 소유·16 역겨운 일·17 그 자리·19 도고마성(道高魔盛)·20 집착을 말아야·24 나의 기분을 가장 산뜻하게 하는 일·26 혼자 밥 해먹는 일·27 사랑·30 꿈과 현실·32 무애(無碍)·36 자살·39 행운·43 운수 납자(雲水 衲子)·47 재미·51

제 2 장

셔터맨·55 삼매·57 토굴 나무꾼·59 방생·62 무명(無明)·66 이미 제도된 장치로만····68 예수재·71 신혼 여행·73 집착·74 다리미·75 기도·78 토굴 속의 청춘·80 사탕약·82 산·84

제 3 장

귀가 하나 없는 여자·89 모내기·91 쌍화탕·94 정말 좋은 이야기·95 보시의 기쁨·97 소욕지족(少欲之足)·98 보살·99 먹물옷·

100 웃자 · 102 등값 · 104 비행기 사건 · 106 부처님 밥그릇 · 108 총각과 처녀 · 111 배 안에서 · 112 중님들 · 114 흑산도 아가씨 · 117 꿈 · 121 현재의 몸 · 123 최소한의 양심 · 127 교육 불사 · 131 연꽃 같은 삶 · 134 교육 · 136

제 4 장

유언 · 143 미시보살 · 147 고마움 · 149 마지막 소원 · 151 묻지 않고 사는 사람들 · 153 강원 · 155 지금 당장이나 · 157 친구 · 159 건강보다 중요한 것 · 162 삶의 자각 · 164 여자 때문에 · 167 여자 예찬 · 170 생일 · 172 잉꼬 부부 · 174 굴레 · 176 바른 전화 예절 · 177

제 5 장

성질 급한 사람들 · 181 왕대밭 · 182 어머니 · 185 사람에 의지하지 마라 · 188 선배 · 191 스트립 쇼 · 192 실수 · 196 큰스님 · 197

교훈·200 시줏돈·203 목적과 수단·204 몸과 마음은 하나다· 209 조심·210 사지도 멀쩡한데·212 소신·213 인간의 처음과 끝·215 진아 보살의 체험·218 중생 제도·221 장애인·223 신도 회장·225 여자들의 성격·227 대역·229 주인공·231

제6장

체면 차리기·235 교육과 선교 분리해야·237 중이요·240 포살과 정치인·242 산신령이 되어·244 차별 대우·249 봉사합시다·252 자기 주제·254 하나됨의 행렬·255 투표·257 호구지책·259 사이클·261 옥야(玉耶)·262

부 록

발심(發心)·267 적응·269 시작·271 한국(영남)불교대학 大관음사를 알려 드립니다.·277

작은 일, 작은 행복,
세상이 늘 오늘 같으면……

필연 / 사랑과 소유 / 역겨운 일 / 그 자리 / 도고마섬 / 집착을 말아야
나의 기분을 가장 산뜻하게 하는 일 / 혼자 밥 해먹는 일 / 사랑
꿈과 현실 / 무애 / 자살 / 행운 / 운수납자 / 재미

필연

초면인데도 그렇게 낯설지 않은 한 아주머니가 찾아왔다.

"혹시 기억하실지……. 스님, 작년에 사고로 돌아가신 여자 분인데……. 여기서 그 분의 재를 지냈다는 얘기를 들었습니다만……."

아주머니가 말하는 그 여자는 작년에 사고로 목숨을 잃었는데, 그것도 막노동판에서 일하다가 변을 당한 사람이었다.

그때 영안실로 시다림(尸陀林:죽은 사람에게 마지막으로 하는 설법)을 나갔었는데 친정쪽에서 온 조문객들이, 너무 고생만 하다가 억울하게 죽었다면서 애통해 했다.

목구멍이 포도청이라 억지로 일을 나간 것이니 그럴 만도 했다. 무릎 꿇고 앉아 있는 어린 두자식의 젖은 눈망울을 보고 있으려니 가슴이 저려 왔다. 그의 남편도 자기의 무능 때문에 그런 일을 당한 것인양 대단히 마음 아파하고 있었다.

그 후 소식을 듣고 보니 남편은 그 마음도 잠시 뿐, 부인의 몫으로 나온 엄청난 금액의 사고 보상금으로 49재도 끝나기 전에 좋은 새집으로 이사를 하고 새장가를 들었단다.

주위 사람들은 도저히 이해되지 않는 일이라고 입방아를 찧었다.

나도 씁쓸한 기분이 들었다.

'마누라가 죽으면 의리없는 남자들은 새장가 갈 기대로 돌아앉아 웃는다더니…….'

이 사건 후, 거의 일 년만에 나타난 아주머니는 좀 어색한 표정을 지으면서

"스님, 제가 그 남자의 집에 두번째 부인으로 들어갔습니다. 돌아가신 분의 제사를 어제 제 손으로 모셨습니다."

참 고마운 생각이 들었다. 내가 물었다.

"혹시, 종교를 갖고 있으신지요?"

아주머니는 머뭇거리더니

"예, 저는 성당에 나갑니다만, 한 달에 한 번씩이라도 돌아가신 분을 위해 절에서 기도 드리고 싶어 이렇게 찾아왔습니다. 스님, 지도를 좀 해주십시오."

"……?"
"스님, 그 분이 여기에 모셔져 있으니까요!"
세상에 이런 착한 사람도 있다니!
믿기지가 않았다.
바르게 종교를 믿고 있는 이.
그래서 인간은 위대한 것이다. 아주머니는 매월 음력 18일(지장재일 : 절에서 돌아가신 분을 위해 기도 천도 하는 날)에는 꼭 절에 나오겠다고 약속했다.

아주머니는 먼저 부인이 낳은 아들 둘과 닮아 있었다.
이제 와서 만났을 뿐,
그들은 우연이 아니었다.
필연이었다.
세상의 모든 일이 그런 것처럼.

至道無難　　지극한 도는 어렵지 않네
唯嫌揀擇　　오직 간택함을 꺼릴 뿐.

사랑과 소유

도회지에서 살고 있는 한 소녀가 시골 외갓집을 찾았다.
개울가에서 물놀이를 하던 중에 손바닥으로 올챙이를 떠올렸다.
소녀는 올챙이에게 말했다.
"올챙이야, 정말 깜찍하구나. 사랑해……."
그리고는 병 속에 가두어 버렸다.
금방 사귄 시골의 소녀가 애처로운듯 사정했다.
"올챙이를 정말 사랑한다면 자유롭게 놓아줘!"

사랑하는 것과 소유하는 것은 다르다.

사랑은 상대에 대한 배려지만
소유는 자기가 부리는 욕심이다.

     但莫憎愛 미워하고 사랑하지만 않으면
     洞然明白 통연히 명백 하니라.

역겨운 일

출가(出家 : 절에 들어옴)한 지 1년도 되지 않았으니 모든 게 생소했다.

주지 스님의 종용으로 함께 성지순례를 따라갔다.

신도들 앞에서 위의(威儀 : 겉모양을 단정히 함)를 지키려고 허리를 곧게 펴고 부동자세로 앉아 있자니 피곤하기 그지 없었다.

신임 장교의 첫 근무 심정이다.

그러다가 돌아올 때는 그만 깜빡 잠이 들었다.

무엇이 무겁고 답답해서 눈을 떠보니 옆에 앉은 아주머니가 내 손을 꽉 잡고 있었다. 남이 보지 못하도록 신문 조각을 덮고 있었다.

처음 당하는 일이라 어떻게 해야할 지 몰랐다. 아주머니가 미안해 할까봐 엉거주춤하게 있을 수밖에 없었다.

마침 휴게소에서 차가 머물렀다.

곧장 세면장으로 뛰어갔다. 너무 불쾌하고 기분이 상해서 정차 시간 10분 동안 손을 빡빡 씻었다.

벽면에 문질러 씻고 또 바닥에 문질러 씻었다.
그리고 비누로 수천 번도 더 헹궈내었다.
손바닥이 얼얼하고, 손금이 다 닳을 정도로 씻었다.
그래도 그 아주머니의 체취가 남아있는 것 같아서 며칠이고 소화가 되질 않았다.

요즘은 이런 일이 없어서 오히려 무료하다.
내 옆에 앉으려는 사람도 없다.

毫釐有差　　털끝만큼이라도 차이가 있으면
天地懸隔　　하늘과 땅 사이로 벌어 지니라.

그 자리

통도사 대웅전에는 부처님 상이 모셔져 있지 않다.

부처님의 진신사리(眞身舍利)가 봉안되어 있기 때문에 별도로 불상을 모시지 않는 것이다. 이런 곳을 적멸보궁(寂滅寶宮)이라고 하는데 우리나라에는 다섯 군데의 대표적인 적멸보궁이 있다. 불상이 없으니까 얼른 보아서는 강당 같은 느낌을 받는다.

머리가 히끗히끗한 중년 남자가 땀을 뻘뻘 흘리면서 부지런히 절을 하더니 뜬금없이 물어왔다.

"스님, 여기 통도사 대웅전은 어디 있습니까?"

내가 대답했다.

"대웅전요? 여기가 대웅전입니다."

산 위에서 산을 찾고

강 가운데에서 물을 찾는다더니…….

이 사실을 자각(自覺)하는 것이 중요하다.

'우리는 늘 진리와 함께 살아가고 있다'는 것을.

도고마성(道高魔盛)

도가 높아질수록 장애물은 많이 생긴다.

세속에서 돈이나 명예를 얻는데도 많은 시련이 있는 것처럼 출가해서 깨달음의 길로 나아가는데는 숱한 역경과 장애물을 만난다. 그 중에서도 육체적 한계를 극복하는 일이 무엇보다도 어렵다. 잠을 조복(調伏)받아야 하고, 특히 참선할 때는 가부좌를 틀기 위해 다리 아픈 것을 조복받아야 한다.

잠을 자지 않기 위해 가시덤불을 몸 주위에 두른다. 물론 가시에 몸이 찔려 피가 철철 흐르기도 한다. 어떤 스님들은 얼음을 입에 물고 정진하기도 한다. 그 때문에 이빨을 잃어버리기도 한다.

또 다리를 조복받기 위해 가부좌를 튼 채 사람을 시켜 가죽끈으로 꽉 묶어 버린다.

'도만 이룬다면 이 몸이 좀 부서진들 어떠하리'

피가 멎을 것 같은 시간이 흐른다. 초심자들이 막무가내로 이런 수련을 하다가 얻는 병이 상기병(上氣病)이다. 상기가 되면 얼굴에 열이 나며 머리에는 여기저기 불룩불룩 여드름 같은 혹이 생긴다. 용을 쓰다가 기운이 위로 치솟은 것이다. 어느 노스님은 젊은 시절 정수리 바깥으로 피가 터져나와 그 피를 보충하기 위해 식당에서 잡일을 하고 음식을 얻어 먹었다는 일화도 있다.

어느 해, 선방에서 동안거를 지내는데 기(氣)가 오르는 것을 느낄 수 있었다. 얼굴이 붉게 달아 오르고 눈에는 핏기가 돌았다. 내 옆에서 정진하던 도반 스님인 혜원 스님도 상기 증세가 있었다. 머리가 터질듯이 아프다고 했다. 혜원 스님은 머리를 소나무에 쥐어 박으면서 못견뎌 하였다.

20대 우리 도반 스님들은 점심 공양시간이면 산모퉁이 따뜻한 양지녘 갈대밭에 자리를 잡고 머리와 단전에 뜸을 뜨며 '그래도 열심히 해보자' 하고 서로 격려했었다.

그 도반들이 여기저기 흩어져 살면서 우연찮게 만나기도 한다. 용화사에 들렀다가 15년만에 혜원 스님을 만났다. 겉보기에도 상기병이 많이 좋아진 것 같았다. 상기병 때문에 산에서 나는 독성있는 옻을 먹고 죽을 고생을 했다는 얘기를 해주었다. 옻을 먹으면 열이 일시에 빠져나가 상기병이 낫는다는 속설이 있어서 나도 한 번 옻즙을 먹은 일이 있었는데, 얼마나 긁었는지 온 몸이 가죽 껍데기처럼 된 적이 있었었다.

혜원 스님도 그랬던 것이다.

혜원 스님은 옻즙을 먹자마자 온 몸에 열이 나면서, 속에서는 터질듯한 고통이 시작되었다고 한다. 그 한겨울에 얼음물 속에 뛰어들기도 하고, 며칠동안 밤낮없이 밖에 서있기도 하였지만 그 증세는 별 차도가 없었다고 한다.

혜원 스님은 견디다 못해 여자의 생리 분비물을 몸에 바르면 옻 독이 없어진다는 얘기를 듣고 그것까지 구해서 몸에 문질렀다고 했다. 수건으로 얼굴을 가리고 절에 오는 여신도를 한명한명 잡고 혹시 생리중이냐고 물었는데, 그것도 약에 쓸려니 없더란다. 50명 가운데 겨우 한 사람에게서 진행중인 생리대를 구했다고 했다. 사람이 절박하면 무슨 짓을 못하랴.

조금 다른 경우였지만 나는 상기병을 고치기 위해 10여년 전에 오줌을 받아 먹은 적이 있었다.

몸의 컨디션에 따라 오줌의 색깔이 다르다는 것은 누구나 다 아는 일이지만, 그 맛도 다르다는 것을 아는 사람은 별로 없으리라. 거의 매일 오줌 맛이 다르다고 해야 할까? 짠 맛, 시금떨떨한 맛, 싱거운 맛, 비리한 맛 등이 서로 농도를 달리하면서 온갖 맛을 만들어낸다.

하루에 몇 컵씩 오줌을 먹다 보니 오줌이 그냥 음료수가 된 적이 있었다.

외출할 일이 있어서 오줌을 먹지 못하면 오히려 그 날

은 기분이 개운치 않았다. 한 달만에 그 일을 그만 두었는데, 혜원 스님 이야기를 듣고 보니 그 일이 생각난다.

   세상에 더러운 것은 없다. 더럽고 깨끗한 것은 중생의 분별심에서 비롯된 것이다.
   생리 분비물이건,
   오줌이건.

   생리 분비물은 생리 분비물일 뿐!
   오줌은 오줌일 뿐!
   더이상 의미를 부여하지 말자.

欲得現前   진리가 앞에 나타나길 바라거든
莫存順逆   따름과 거슬림을 두지 말지라.

집착을 말아야

세상에는 이런 일도 있다.

아는 여성 L씨의 남편이 바람을 피웠다.

남편의 집안은 좀 복잡했다.

그 남편의 여동생은 얼마 전에 이혼을 했다. 바람을 피운다 하여 사위 되는 사람을 장인 장모가 손수 교도소에 집어넣은 것이다. 그의 형제들이 간통 현장을 잡는 체포조의 역할까지 해가면서.

그런데 이번에는 그 이혼녀의 오빠 되는 사람, 즉 L씨의 남편이 그 사위와 같은 짓을 한 것이다.

그러나 이번에는 사정이 달랐다.

부모들은 딸이 고통받던 것을 새까맣게 잊고 며느리를 가슴 아프게 했다. 아들의 새로운 애인 즉, 첩을 몰래 불러들여 이것저것 돌봐주는 등 이혼한 그 딸조차도 합세하여 바람 피우는 오빠를 도왔다.

이유는 간단하다. 혈육이니까.

그리고 첩이지만 아들이 사랑하는 여자니까 보살펴

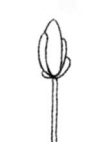

준단다. 최근에는 그 첩의 몸에서 애까지 났으니 아이들 입장에서는 이복형제가 생긴 것이다. 요즘에도 첩, 이복형제가 있는가 싶다.

　결과적으로 두 여자와 가족 모두 곤란한 삶을 살아야 하고 떵떵거리던 그 집안의 명예는 땅에 떨어지게 되었다. 딸이 중한 것처럼 며느리도 중한 줄 알아야 하고, 딸이 고통받던 것을 생각한다면 당연히 그 부모들은 아들이 이중살림을 못하게 막아야 하는 것이리라. 맹목적인 혈육의 정이 세상을 옳게 보는 눈을 찌른 것이다.

　자기 욕심만을 챙기는 우리 인간의 적나라한 모습을 보는 것 같다.

　세상의 그 많은 성인들은 세상을 모두 사랑하되 집착하지 않는다.

　어느 하나에 집착하면 수천 가지를 잃게 되며 집착은 바로 윤회의 원동력이 된다. 그래서 수행자는 결혼하지 않는다.

　　　　　違順相爭　　어긋남과 따름이 서로 다툼은
　　　　　是爲心病　　이는 마음의 병이 됨이니라.

나의 기분을 가장 산뜻하게 하는 일

보름마다 돌아오는 목욕날!
잘 빨아서 걸망 속에 챙겨 두었던
뽀송뽀송한 속옷을 갈아입을 때.
기분이 좋다.

작은 일, 작은 행복
세상이 늘 오늘 같으면…….

不識玄旨　　현묘한 뜻은 알지 못하고
徒勞念靜　　공연히 생각만 고요히 하려 하도다.

혼자 밥 해먹는 일

몸이 무척 부대끼고 정진이 힘든다. 밥 해먹는 일조차 번거롭다. 그릇 씻기가 귀찮아서 접시 한 개라도 가능한 한 쓰지 않으려고 애쓴다. 한 접시에 두어 가지 반찬을 놓아 대충 한술 뜬다. 접시를 한 개 씻으나 두 개 씻으나 물에 손넣는 것은 마찬가지일텐데 간간히 꾀가 생긴다.

이렇게 그릇 씻는 일도 큰 일이지만, 매끼마다 반찬 장만하는 일도 예삿일이 아니다.

'다음 식사는 무슨 반찬으로 때울 것인가' 하고 은근히 걱정이 된다.

남자들은 말한다. 밥 해먹고 빨래시키기 위해서 결혼한다고.

여자들에게는 미안한 일이지만 내 경우에도 밥 해주고 빨래만 해주는 여자가 있으면 좋겠다.

여자들은 참 힘들겠다는 생각이 든다. 혼자만이 아니라 온 식구들의 식성도 생각해야 하고 매일 아이들 도시락 반찬까지 신경 쓰느라면 얼마나 힘들까? 그런 일들을 큰 불평없이 하며 살아가는 여자들이 참 존경스럽다. 그래서 보살(봉사하며 살아가는 불교의 이상적 인간)이란 이름이 붙는 것 같다.

남자들은 여자가 있기 때문에 가정이 유지되고 자기 일을 할 수 있다는 것을 망각하고 사는 것 같다.

남자들이여, 이런 토굴에서 한 달간만 혼자 끓여 먹어 보라.

생각이 180° 달라질 것이다.

자기 생각이 변하면 세상은 변한다.

여자인 그들의 아내가 사랑스러워질 것이다. 여자들은 그처럼 귀찮고 하찮은 일들을 오히려 재미있게 생각하고 큰 보람으로 삼는다.

여자신도 법회에서 '다음 생(生)에 다시 여자로 태어날 용의가 있는 사람이 있는가' 하고 물었더니 3분의 2 이상이 그러리라고 대답했다.

남자들은 자기 여자를 사랑해야 한다.

사랑은 서로 교환할 때 더욱 가치가 있다. 사랑에는 특별한 법칙이 없다. 상대를 행복하게 하면 그것이 사랑이다.

남자들은 아내가 애써 만들어 놓은 식사를 제 때에 맞

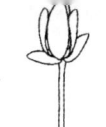

있게 먹어주는 일도 큰 사랑의 행위인 줄 알아야 한다.

  여자는 가족들이 둘러앉아 먹는 모습을 보는 것만으로도 행복을 느낀다.

  음식을 만드는 사람도 있는데 먹어주는 일도 못해서 되랴.

圓同太虛   둥글기가 큰 허공과 같아서
無欠無餘   모자람도 없고 남음도 없도다.

사랑

'사랑!'

사랑이란 어떤 종류의 사랑이든 간에 '사랑'이란 말 이외의 다른 수식어를 용납치 않는다.

'오직 사랑할 뿐'

그러므로 조건을 전제로 한다거나 목적을 염두에 두는 사랑은 순수하지 못하다.

제도적 사랑, 체면 차리기식의 사랑은 우리를 형식의 틀 속에 가둔 채 이익과 손해를 저울질하게 한다. 하얗기만 한 사랑에는 본래 아무것도 보이지 않아야 한다. 마치 마냥 좋기만 해서 고함지르고 열광하는 X세대의 오빠부대들처럼.

그곳에는 오직 발산하는 뜨거운 정열만 있을 뿐, 돌아오는 에너지는 계산되어지지 않는다.

상대가 부처님이든, 진리이든, 사람이든, 신이든, 자연이든 간에.

맞선을 보고 온 어느 한 청년이 말했다.

"스님, 오늘 참 비참한 느낌을 금할 길 없습니다. 세상에 어떤 살아있는 생명체가 짝짓기를 하기 위해 별의별 이유를 붙이겠습니까?"

良由取捨　취하고 버림으로 말미암아
所以不如　그 까닭에 여여하지 못하도다.

꿈과 현실

꿈이란 무엇인가.

꿈은 과거의 재생일 수도 있고 미래의 영감일 수도 있다. 그리고 현재의 정신 세계만이 느낄 수 있는, 지나가는 일회성 사건일 수도 있다. 아주 특이한 것은 영계(靈界)와의 교감이 가능하다는 것이다.

'꿈은 꿈이므로 그냥 꿈일 뿐이다' 라고 생각해 버리면 그만이기도 하지만, 꿈이 만일 실제 생활에 어떤 관련을 갖고 있다는 확신이 있으면, 그리고 현실화 되면 그것은 우연의 일치이든 아니든 간에 중요한 일이 아닐 수 없는 경우도 있다.

그렇게 되면 꿈은 생활의 한 부분이 된다.

이런 일이 있었다.

얼굴이 곱살한, 그런데 무엇인가 수심이 가득한 50 대 아주머니가 찾아왔다.

"스님, 제가 시집을 오니 어린 시동생 하나가 있었는데 자라면서 제 시부모님과 뜻이 맞지 않았습니다. 사흘

이 멀다하고 서로 싸우더니 끝내 시동생이 목을 매 죽었습니다. 10년이 지난 일이지요. 그 뒤 꼭 3년 간격으로 집안에 초상이 났지요. 먼저 시아버님께서 돌아가시더니, 시누이가 병으로 죽고, 저의 둘째 아들이 교통사고로 죽었습니다.

이상한 것은 그럴 때마다 사건이 일어나기 전 2,3일 동안 시동생이 제 꿈에 나타나 생전에 하던 행패를 부렸습니다. 또 3년이 다 되어가니 불안해서 살 수가 있어야지요. 그래서 절에 다니게 되었는데 금방 돌아가신 분이 아니라도 천도를 하는 수가 있음을 비로소 알았습니다.

어느 날 집으로 돌아가면서, 시동생을 위해 천도재를 지내주어야겠다는 마음을 먹었습니다. 그날 밤 꿈에 시동생이 나타나 절을 넙죽넙죽 하더군요. 이튿날 다니던 절의 스님께 말씀을 드리고 천도재를 올렸습니다. 천도재를 지내면서도 그날은 왠지 기분이 개운치 않았는데, 밤에 또 시동생이 나타나서 그 스님께 전화를 해보라는 말만 남기고 사라졌습니다. 날이 새자마자 스님께 전화를 드렸더니 스님께서는 자기가 성의없이 재를 지낸 것 같으니 오늘 다시 재를 지내자고 했습니다.

물론 스님께서 모든 비용을 감당하셨습니다. 스님께서는 그 영가가 꿈에 나타났더라는 말씀만 해주셨습니다. 재는 다시 올려지고 그로부터 일주일쯤 후 낮잠에 들었는데, 비몽사몽간에 시동생이 나타나 구슬피 울면서 자기는 '지은 죄가 너무 많아 아직도 구천을 헤매고 있으니 좀 젊은 스님한테 한 번 더 인도해 달라고 부탁해 보라'는 것이었습니다. 몇 사람한테 이야기를 하였더니 스님을 소개해 주었습니다. 스님께서 선처를 해주시면 고맙겠습니다."

나는 그때 바쁜 일도 많았을 뿐만 아니라, 밥 짓는 공양주도 없었기 때문에 극구 사양하였다.

"보살님, 저는 염불도 잘 못하고 목소리도 좋지 못합니다. 그리고 바빠서 안되겠습니다."

그랬더니 그 아주머니는 다음 날도 와서 매달렸다. 더 이상 어쩔 수 없었다. 저녁 시간에 재를 지내기로 하고 대신 모든 공양물과 재물은 재를 지내는 쪽에서 직접 장만하기로 했다.

재가 시작되었다. 저녁 시간이기도 했지만 무척 힘이 들었다. 영가가 보통 못된 성깔이 아니었다.

먼저 대령관욕의 의식을 통해서 영가를 불러 몸과 마음을 청정히 했다. 그리고 다시 상단에 지극정성 천수경을 치고 지장기도를 올렸다. 신중단에 반야심경을 독송하고는 영단 앞에 앉아서 무상의 이치를 알리는 염불을 해나갔다. 염불이 조금씩 수월해져갔다. 영가가 입고 있던 탐, 진, 치 삼독의 옷이 차차 벗겨지기 시작했다.

참말씀이며 생명의 말씀이신 부처님 법문을 영가는 다소곳이 듣기 시작하더니 금강경 독경 의식에서 완전

히 신심(信心)을 내었다.

  온 법당은 장엄한 염불삼매 속에 젖어들고 산 자와 죽은 자의 경계가 없어져 모두가 하나가 되었다.

  영가는 드디어 장엄 염불의 아미타불 명호를 부르며 아무 미련없이 좋은 세상으로 떠나갔다.

  재를 지낸 사람들의 얼굴에는 만족스러운 듯 환한 빛이 보였다. 그리고 그들은

  "스님, 이제 속이 후련합니다."

하고 절을 하며 집으로 돌아갔다.

  며칠 후 아주머니가 또 찾아왔다.

  "스님, 저희 시동생이 이제 좋은 세상으로 갔는가 봅니다. 재를 지내던 밤 꿈에는 아주 기분이 좋았습니다. 시동생이 환한 웃음을 지으면서 손을 흔들며 옛날 살던 그 고향 산마루를 넘어갔습니다."

  그 시동생은 다시는 형수의 꿈에 나타나지 않았다. 꼭 삼 년마다 찾아들던 가정의 우환도 없어졌다.

  재를 지낸 집안은 그 아주머니뿐 아니라 전 가족이 체계적으로 불교를 공부하고 수행하기 시작했다.

莫逐有緣　세간의 인연도 따라가지 말고
勿住空忍　출세간의 법에도 머물지 말라

무애(無碍)

신도회 간부회의에서 매주 금요일 무의탁 노인 무료급식을 실시하기로 결정되었다.

"스님, 노인들이 들락날락하면 법당이 지저분하니 하지 맙시다."

한 신도가 뒤늦게 따지러 왔길래 나는 가만히 있을 수 없어 한마디 했다.

"사람이 왔다갔다 한다해서 법당이 지저분해지는 것이 염려되면, 그래서 무료급식을 못하겠다면 토굴 지어놓고 혼자 살지요!"

우리는 절의 문턱을 낮추어야 한다. 문턱을 아예 없애 버려야 한다.

절은 어린이도 올 수 있고, 장애인도 올 수 있고, 노인들도 올 수 있어야 한다. 돈 많은 이도, 돈 없는 이도 차별없이 다닐 수 있어야 한다.

환자를 위해 병원이 존재하듯이, 고통에 시달리는 중

생을 위해 법당이 존재해야 한다는 것을 우리는 늘 인식하자.

적어도 법당 만큼은 그 누구에게도 걸림이 없는 곳이라야 한다.

걸림없음.
무애(無碍)

이것저것 따지지 않고, 중생에게 기쁨을 주는 일이라면 뭐든지 받아들일 수 있는 마음의 여유가 있으면 얼마나 좋을까!

무애행을 몸소 실천하시는 이 시대의 보현(普賢)보살이 계신다. 바로 설봉 스님이시다.

스님은 1천 3백도 고열속에서 구어낸 도자기를 들고 부르지도 않는 곳을 찾아 다니신다.

군법당으로, 교도소로, 불교 방송국으로…….

댓가같은 것은 바라지 않으신다. 기금만 마련해 주시는 것으로 만족하신다.

너무 바빠 살이 찔 틈도 없으신지 바짝 말랐다.

뿐만 아니라 스님은 영화스크린의 배우로, 달동네의 아저씨로, 어린이 법회 법사로, 한강 고수부지 청소부로 아무 걸림없이 나타나신다.

마주 앉으면 너무 맘이 편하고 소탈하신 스님.

안팎으로 걸림 없으신 선배 스님 계심이 너무 좋다. 개혁의 진통을 겪던 조계사가 폭력사태로 어려움을 겪을 때 한 번 찾아 뵈었더니, 스님은 서울 어느 화랑 전시실에서 도시락 공양을 하고 계셨다.

소년·소녀 가장돕기 기금마련 전시회였는데, 난리통에 찾아오는 사람이 거의 없었다. 스님은 오히려 걱정하는 나를 위로해 주셨다.

"괜찮습니다. 이럴 때도 있고 저럴 때도 있지요. 우리가 더 열심히 하라는 뜻이겠지요."

스님 계시는 처소는 그 이름이 무애원(無碍院)이다.

一種平懷   한 가지를 바로 지니면
泯然自盡   사라져 저절로 다하리라.

자 살

　허물없이 지내는 사십대 후반의, 나이보다는 젊게 보이는 한 여자 신도가 있다.
　남 보기에는 교양미가 흐르고 옷도 깔끔하게 입는 보살인데도 내 눈에는 언제나 슬픈 빛이 보였다. 아이들도 모두 성장하여 직장에 다니고 있었으므로 틀림없이 남편의 문제가 아닌가 내심 추측만 할 뿐이었다.
　어느 날 해가 서산에 걸쳐지고, 절의 스님들이 마당에 나와서 편을 갈라 복식 배드민턴을 치고 있는데 긴 바바리 코트를 입고 그 보살이 나타났다.
　그의 한 손에는 작은 손가방이, 그리고 다른 한 손에는 부처님 전에 올릴 음료수 한 통이 들려 있었다. 그냥 보기만 해도 그녀의 걸음은 억지로 견인되어가는 차량처럼 힘들어 보였다. 웃으면서 인사를 하는데도 얼굴은 경직되어 있어 무슨 큰 고민거리가 있구나 하는 것을 느낄 수 있을 정도였다.
　저녁 공양을 마치고 나자 예불을 알리는 종이 울리기

시작했다. 그리고 청아한 염불소리가 도량에 퍼져갔다.
"이 종소리 온 우주 세상에 두루 퍼져
어둠에 갇힌 모든 중생의 마음을 밝히소서.
고통에 빠진 우리 이웃 하나도 남김없이
모두모두 부처님 세계로 가지이다."

보살은 무슨 이유인지 모르지만, 스님들이 보기에 민망스러울 정도로 법당 마룻바닥에 얼굴을 대고 하염없이 흐느끼는 것이었다.

자주 오던 신도라서 스님들은 야단치지 아니하고 스스로 그치기만을 기다렸지만, 예불의 마지막 절차인 반야심경 독송이 끝날 때까지 소리없는 통곡은 계속되었다.

예불을 마친 후, 절 마당 모퉁이의 깎아지른 듯한 절벽에 홀로 앉아 늦가을 온 산에 가득찬 단풍을 감상하고 있는데…….

한 시간이나 지났을까, 그 보살이 다가왔다. 얼굴은 수척하고 사는 것이 무척 힘들어 보였다.

내가 말을 건넸다.

"보살, 대충 살면 되지, 뭘 그리 힘들어 하세요?"

"스님, 예불 드리는데 너무 죄송했어요. 이젠 그럴 일도 없을 거예요."

보살은 억지로 웃음을 지으며 비장한 어조로 말했다.

"좀 더 울지요! 꼭 실연 당한 사람같네요."

나의 이 말에 보살은 피식 웃으면서

"그래요, 실연 당했어요. 실연이 이렇게 마음에 큰 상처를 주는 줄 몰랐어요."

"……"

보살은 근 삼십 년이나 믿고 살아온 남편이 자기를 배신하고 바람을 피운다는 이야기를 장황하게 늘어 놓았다. 상대는 회사 근처 다방 아가씨인데 무척 자존심이 상한다고 했다. 나는 한마디 거들었다.

"아주 예쁜 여잔가 보지요. 자존심 상할 정도로."

보살은 한숨을 푹 내쉬면서,

"스님, 그게 아니라 그 남자가 바보 같아서요. 바람을 피워도 저보다 나은 여자하고 그러든지. 여자 생긴 꼴이라고는 꼭 쪽제비같이 생겨서……. 그게 얼마나 자존심 상하는지 알아요?"

듣고 있자니 좀 혼돈이 일어났다.

남자를 빼앗긴 것이 분해서인가, 아니면 상대가 자기보다 못한 여자여서 그것 때문에 자존심이 상한 것인가.

"스님, 다시 못 뵐지 모릅니다."

하고는 손가방을 열어서 약 한봉지를 보여 주었다.

"이 약 한 봉지면 모두가 끝이에요."

나는 태연하게

"그거 뭔데요?"

하면서 날쌔게 약봉지를 낚아챘다. 그리고 절벽 난간

안쪽에 서있던 그 보살을 바깥쪽 낭떠러지로 확 밀어붙였다. 그 보살은 다급하게

"으- 앗! 날 죽이려고 그래요!"

하면서 고함을 지르고 안 떨어지려고 안간힘을 다해 두 발로 버티었다. 어깨를 살짝 잡았던 손을 놓자, 뒤로 벌렁 엉덩방아를 찧으면서

"스님까지 왜 그래요?"

하고 앙탈을 부렸다. 나는 약봉지를 수십 미터 절벽 아래로 던지면서 한마디 했다.

"죽고 싶지도 않으면서, 등신같이!"

그 후 보살은 기도하면서 차차 마음의 안정을 찾아갔다.

"죽고 싶다고 말하지만 사람들은 실지로는 죽고 싶지 않습니다. 죽을 각오로 세상을 산다면 무슨 일인들 해결하지 못하겠습니까?"

최근에 보살은 오히려 나에게 이렇게 법문했다.

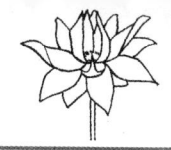

행운

　설악산 오세암은 오세 동자가 이곳에서 깨달음을 얻었다고 해서 붙여진 이름이다.
　오세암에서 우리 일행은 경기도 봉선사의 여신도들을 만나서 봉정암까지 가지고 갈 쌀이랑 과일을 대신 잔뜩 짊어졌다.
　신도들을 먼저 보내고 우리는 좀 있다가 출발을 하였는데 길을 잘못 들어서서 마등령에 오르고 말았다.
　세 배나 더 힘이 드는 코스를 들어선 것이다.
　마등령을 지키는 산장지기는 한 술 더 떠서 오히려 큰 다행이라고 한마디 했다.
　"스님들이 이쪽으로 오신 것은 부처님의 가피입니다. 설악산을 백 번 오른다 하더라도 마등령을 거쳐 공룡능선을 타지 않으면 천추의 한이 됩니다. 실수가 큰 행운을 잡은 것입니다."
　실수가 큰 행운을 잡았다는 말에 힘을 얻어 앞으로 나아갔다.

세상은 더러 그럴 때가 있다.

과연 절경이었다.

알프스가 어찌 이보다 더 아름다울 수 있으랴!

금수강산이라 하더니 한마디로 대단하다.

아기자기하게 놓여진 돌, 때로는 거대한 바위산 하며 그 틈마다 막 물들기 시작한 너무도 맑은 빛의 단풍잎들이 우리들 메마른 가슴을 방망이질하기에 충분하다.

'오, 연기(緣起 : 모든 것은 인연해서 일어남)의 조화로움이여! 인간의 언어도 구차하고 신(神)의 능력도 소용없는 일이로다. 이 세상이 그대로 극락이구나!'

그 격정에 가까운 즐거움이 다섯 시간 이상 계속되었다.

이제는 지치기 시작하였다.

배도 고팠다.

공룡의 등줄기처럼 휘어져서 돌아가고 또 휘어져서 돌아간 산등성이가 끝도 없이 전개되어 갔다.

손에 잡힐 듯 빤히 보이는 곳, 바로 지척인데 싶어 나아가면 도망가는 무지개처럼, 저만치 목표점은 앞서 있다.

온몸은 땀으로 범벅이 되고 뒤에 진 짐은 천근처럼 무거워져 갔다.

산장지기가 한 말이 그제서야 생각났다.

"큰 행운을 잡으신 만큼 고생은 하셔야 합니다. 어느

운동 선수 한 명이 이 코스에서 죽은 적도 있습니다."

죽을만한 코스다.

우리는 지칠대로 지쳤다. 물도 없었다. 혀가 바싹바싹 타올랐다. 오후 두세 시가 지나면서 거의 움직일 수 없게 되었다. 더이상 나아갈 수 없었다.

현기증이 일어났다.

누군가가 제의를 했다.

"우리 걸망에 든 과일 하나씩만 먹자."

그제서야 우리가 과일을 지고 있다는 것을 깨달았다.

먹기로 합의했다.

부처님 전에 올릴 공양물이기 때문에 조심스럽지 않을 수 없다. 우리들은 사과 세 개를 꺼내 바위 위에 올려놓고 봉정암 쪽으로 삼배를 드렸다.

"부처님, 죄송합니다! 사과 한 개씩만 빌려 주세요. 꼭 갚아 드릴게요. 부처님께서는 본래 오고 가심이 자유로우시니 이 도량에 어서 오시어 먼저 흠향하시옵소서."

나는 세상에 태어나서 그만큼 맛있는 사과를 먹어 본 적이 없다. 그리고 그만큼 어려운 등산을 해 본 적이 없다.

겨우 오후 늦은 시간에 터덜터덜 봉정암에 다다르니, 먼저 도착한 신도들이 오히려 미안해 하며 한마디씩 했다.

"스님들 드시는 것이 부처님 드시는 것인데, 뭐할라

고 그렇게 힘들게 지고 오십니까? 다 드시고 오시지! 오늘 복은 스님들이 다 지으셨습니다."

나는 까닭없는 시주물을 받을 때 늘 스스로에게 물어본다.

'이 시주물 받을 만한 일을 하였는가?'

신도들이 그렇게 얘기해 주니 사과 한 개씩 먹은 것도 오히려 미안하였다.

여름에 겪은 이 값진 경험들.

止動歸止　　움직임을 그쳐 그침으로 돌아가면
止更彌動　　그침이 다시 큰 움직임이 되나니라.

운수 납자(雲水 衲子)

경북 점촌에서 점심 한 끼를 먹으려고 고생고생 끝에 찾은 곳이 대처승(부인이 있는 스님)이 운영하는 작은 절이었다. 투덜거리는 아들 녀석의 괄시를 받으며 밥상을 받았더니 통 밥맛이 없다.

다리 밑의 거지 같은 대접을 받고 김용사로 들어갔다. 천년 고찰에 주인은 다들 어디 가고 없어 객이 저녁 예불을 드렸다.

나는 만행(萬行)을 하고 다니면서도 원칙이 두 가지 있었다. 가능하면 식당에서 밥을 먹지 않을 것과 조석 예불은 꼭 참석하자는 것이었다.

이튿날 새벽에는 도량석(목탁을 치며 도량을 도는 의식)과 종성(소종을 치면서 염불하는 의식)을 하고 대종(범종)까지 쳤다.

본래는 대중 스님들이 나누어서 해야 하는 일인데, 아무도 없으니 혼자 하는 수밖에 없다. 피곤했다.

그곳을 지키는 보살님들이 미안해 하면서 잘 해주었

다.

 이른 아침, 객은 또 걸망을 지고 일어섰다.
 법당 보살님은 가다가 먹으라며 과자, 빵, 음료수 등을 많이 주셨다. 공양주 보살님은 점심으로 김밥, 콩고물밥을 준비해 주셨다.
 하룻밤 그냥 착실히 생활한 덕분인지 보살님들이 못내 아쉬워하면서 같이 살기를 바랐지만, 운수 납자(雲水衲子)는 본래 구름따라 물따라 떠다니며 공부해야 제격인지라 그런 소리는 안중에도 없다.
 보살님들은 떠나보내는 것이 섭섭했던지 한참을 따라나서며 푼푼이 모은 잔돈을 노자로 걸망 깊숙이 넣어 주었다.
 나는 산문(山門)을 걸어 나오면서, 만일 이 신도들 조차 없으면 절이 어떻게 유지될까 하는 생각이 났다.
 스님들이 신도들과 함께 절을 운영해야 될 날이 멀지 않았다. 스님들의 수가 점점 줄어드니 무슨 방법이 있어야 될 것 같다.
 아무튼 또 길을 걷기 시작했다. 오늘은 문경 새재를 넘어야 한다. 산적이 우글거리고 호랑이가 출현했다던 그 문경 새재, 즉 봉정산을 가는 길은 보통 일이 아니었다.
 포장도 되지 않은 도로를 질주하는 트럭의 먼지 때문에 고역을 치렀다. 댐 공사를 하고 있다고 했다.

　그 깊은 골짜기에도 간혹 집들이 있었다. 자녀의 교육 문제가 제일 클 것 같다.
　땀을 뻘뻘 흘리면서 무작정 걷다보니 배가 고파 길거리에서 점심을 먹었다.
　혼자 생각하고 혼자 판단하는 데도 이력이 났다. 무슨 목적이나 무슨 의미를 부여하지 않고도 나그네는 길을 가는 것이다. 화두를 챙기면서.
　이윽고 서서히 저녁이 다가오고 있었다. 우람하고 힘 있는 산세는 좋은데 거기에 어울리는 절이 보이지 않아 아쉬웠다.
　지친 몸을 이끌고 겨우 문경 새재에 올라섰다. 힘차게 대지를 밟고 서니 온 천하가 한눈에 들어온다. 소리내어 한참 염불을 하다가 시나브로 깔려드는 어둠의 재촉을 받고 이제는 산을 내려가기 시작했다.
　조용한 어느 마을을 지나게 되었는데, 마침 골목에서 서성이는 연세 많은 남자 한 분을 뵙고 정중히 인사를 하였다.
　그분은 나의 행색을 보더니 금방 잠자리를 제공하여 주었다. 아무 격의도, 어떤 댓가도 없이 따뜻하게 맞아주는 그분의 가족이 너무 고마웠다.
　발바닥이 따끔거려 양말을 벗어보니 물집투성이다. 비상용으로 가지고 다니던 바늘로 물집을 터뜨렸다. 까짓 물집이야 자고 일어나면 괜찮을 터이고…….

깊은 산중.

산촌(山村)의 토담방에 운수 납자는 또 하룻밤을 잠시 머무는 것이다.

잠시 쉬었다가 가는 우리네 인생처럼.

唯滯兩邊　오직 양변에 머물러 있거니
寧知一種　어찌 한 가지임을 알 것인가

재 미

"얘들아, 스님이 재미있는 이야기 하나 해줄까?"
아이들이 옹기종기 몇 명 모였다.
"스님, 재미있고 없고는 저희들이 판단하는 거니까 이야기나 해보세요."
"듣고 보니 그것 참 재미있구나!"
"아이구, 스님 그것 보세요."

一種不通　　한 가지에 통하지 못하면
兩處失功　　양쪽 다 공덕을 잃으리라.

2장

세상은 본래로 한 몸, 한 세월

셔터맨 / 삼매 / 토굴 나무꾼 / 방생 / 무명
이미 제도된 장치로만 느낀다 / 예수재 / 신혼 여행
집착 / 다리미 / 기도 / 토굴 속의 청춘 / 사탕약 / 산

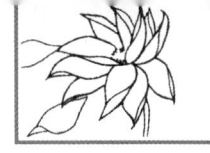

셔터맨

"스님, 벌어 놓은 것도 없고 집에서 눈총만 주니 시집이나 가야겠어요."

백마 탄 흑기사를 기다리다 결혼 적령기를 넘겨버린 한 노처녀의 푸념이다.

"보살, 결혼이 무슨 도피처인 줄 아나? 그러니까 여자들이 무시당하며 살지."

"!!!"

"청년회 법회나 나와 보세요."

그래서 그 노처녀는 법회에 나오게 되었는데…….

가끔씩 청년회 법회에 나타나는 나이든 거사가 있었다.

"스님, 대학 다닌 놈이 노가다에 나갈 수는 없고, 시험은 판판이 떨어지고 못살겠심더. 어디 괜찮은 여자 있으면 장가나 갈랍니더. 제 친구는 미장원 하는 마누라 얻더니 그냥 놀고 먹습니다."

"아, 그래! 그럼, 자네는 약사를 마누라로 삼게. 아침 일찍 셔터문이나 올려주면 안되나! 약사는 돈도 잘 벌고 엘리트 직업이다."

"스님, 요즘 같으면야 솔직히 바보 온달이라도 되고 싶습니다."

그 둘은 법회에서 가끔씩 이야기를 나누더니 동병상련의 감정이 통했는지 결혼까지 하게 되었다. 지금은 맞벌이를 하면서 열심히 살아가고 있다.

요즘 우리 주위에는 신데렐라병, 바보 온달병에 걸린 젊은이들이 많다.

'자기 주제부터 파악하라!'

남 덕에 살려는 사람은 대개 온전치 못한 정신의 소유자다.

복은 스스로 지어서 스스로 받는 것.

자기 그릇만큼 담겨지는 법이다.

遣有沒有   있음을 버리면 있음에 빠지고
從空背空   공함을 따르면 공함을 등지느니라.

삼 매

몸이 찌부드드하여 운동이라도 하고 싶을 때
배드민턴 채를 들고 뛰어오는 사람 있음이.

눈이 오면 함께 발자욱을 내며
깔깔거릴 수 있는 사람 있음이.

바람부는 날, 조용한 토담집에서
따뜻한 녹차 한잔 마실 수 있는 사람 있음이.

쓸쓸할 때 갑자기 전화를 해서
밤하늘 별을 셀 수 있는 사람 있음이.

길 가다가 비슷한 사람 만나면
금방 헤어지고도 그리움의 충동을 주는 사람 있음이.

내 마음속이 복잡하다가도

가끔씩 깊은 삼매에 들도록 가르치는 사람 있음이.

과거, 전생에 만났던지
어디서 보았던가 하는 느낌이 들고
바라볼수록 정감이 드는 사람 있음이.

참으로 행복하다.
한 공간을 사는 것만으로도
감사하다.

多言多慮　말이 많고 생각이 많으면
轉不相應　더욱더 상응치 못함이라.

토굴 나무꾼

어젯밤은 대단히 추웠다.

잠결에서도 '어이 추워. 관세음보살'을 외치다가 내가 내 소리를 듣고 몇 번이나 깼다.

일찌감치 지게를 지고 산마루에 올랐다. 속까지 시린 차디찬 바람이 산사람의 얼굴을 사정없이 때렸다. 속살까지 떨렸다.

'한빙(寒氷) 지옥이구나!'

잎이 마른 나무만 보면 닥치는 대로 톱으로 잘랐다. 톱밥이 이리저리 바람에 날리면서 티끌이 눈에 들어갔다. 옷소매로 눈물을 훔치자 옷소매에 붙은 톱밥이 또 눈에 들어갔다. 눈을 뜨는 둥 마는 둥 작업을 계속 해나갔다. 거의 필사적이다.

추위를 이기기 위해서다. 얼마나 지났을까, 등줄기에 땀이 나기 시작하면서 피잉, 어지러웠다. 아침에 미숫가루로 공양을 때웠더니 힘이 딸리는 모양이다. 배가 고팠다.

'배고픈 지옥이구나.'

나는 지고는 못사는 성격이다. 나는 나 자신에게도 이겨야 직성이 풀린다. '깡다구' 하나로 버티며 산다. 물에 물탄듯 술에 술탄듯 사는 사람을 보면 답답하다.

조금 앉았다가 다시 일어서서 톱을 잡았다.

'배가 좀 고픈 걸 가지고.'

마구 톱질을 하다가 무엇이 아득해짐을 느꼈다.

한기(寒氣)가 들었다. 잠시 쓰러진 모양이다. 사력(死力)을 다해 가까스로 자리에서 일어났다.

그리고 베던 나무를 마저 베어 한 지게 채웠다. 나무꾼은 딴 욕심이 없는가 보다. 나무 한 짐해서 지게 작대기로 받쳐 놓고 바라만 보아도 기분이 좋다.

지게를 지고 막 일어서려는데 갑자기 몰아친 바람이 몸과 지게를 한 묶음으로 밀어젖혔다. 그대로 옆으로 처박혔다.

아무 생각없이 또 일어서서 옷을 훌훌 털었다. 지게를 세워 놓고 나무를 다시 얹었다. 손가락이 끊어질 듯 시려왔다.

'끈질긴 생의 애착인가!'

나는 습관적으로 '관세음보살'을 외우면서 다시 지게를 지고 걸음을 옮겼다. 몇 번이고 넘어질 뻔했으나 운이 좋아서 한 번 밖에 넘어지지 않았다.

오늘 해 온 나무를 먼저 있던 나무에 보탰다.

 먼저 있던 사람이 나무를 많이 장만해 놓고 갔었다. 땔나무가 없는 것이 아니었다. 단지 먼저 해 놓은 사람의 나무를 축내지 않으려 애를 쓴다.
 비록 지금 주인이 없는 물건이라 하더라도 자기를 위해서 사용하면, 그것이 물이든 바람이든 자연이든 모두 다 빚이 되는 것이다.

絶言絶慮　말이 끊어지고 생각이 끊어지면
無處不通　통하지 않는 곳 없느니라

방 생

　방생(放生)이란 생명있는 동식물을 살려준다는 고귀한 생명존중 정신에서 비롯한 자비 정신의 한 실천 방법이다. 인간만이 온 우주를 다스릴 수 있는 특권을 부여받았다고 가르치는, 미신에 가까운 어느 종교가 세상을 정복하고부터 인간은 더할 수 없이 잔인하게 되었다.

　곡식보다는 양고기를 제단에 올려야 더 신앙심이 인정되는 어처구니없는 사건들이 누적되면서 생명 경시 풍조가 우리 인간들 마음속에 자리하게 된 것이다.

　그러나 세월이 많이 흘러 이에 대한 일대 반성과 나아가 참회의 기운이 고조되면서, 인간은 드디어 그들 손에 죽어가는 목숨을 살려주는 근본 양심회복 운동을 전개하기에 이른다. 이를 방생이라고 하는 것이다.

　이 방생에 대해서 요사이 말이 많다.

　방생한 미물을 얌체 같은 사람들이 기다렸다가 다시 잡아서 되파는 경우와 미물을 외국에서 수입해 오는 경우가 더러 있다. 인간들이 아무리 돈벌이에 혈안이 되었

다 하더라도, 금방 방생한 미물을 그 사람들이 돌아가기가 무섭게 마구잡이로 잡아들이는 철면피들이 어디 있는가?

그리고 환경조건이 잘 맞지 않아서 놓아주면 죽을 것을 알고도 미물을 외국에서 수입해 오는 그런 추악한 인간들이 어디 있는가?

물론 자기 복을 짓고자 해서 방생을 하는 사람들이 없지는 않다. 비록 그렇다 하더라도 생명을 살려주는 그 행위만큼은 거룩하고 성스러운 일이 아닐 수 없다.

그런 좋은 일을 하는 행사에 돈 독이 오른 사람들이 생명체를 가지고 장난을 치는 세상에 우리는 살고 있는 것이다. 방생의 참뜻을 이해하지 못하는 어떤 사람들은 그런 잘못된 현상만을 문제삼아 오히려 방생하는 사람을 욕하는 희한한 일이 벌어진다.

방생하는 사람들은 자기가 놓아주는 미물이 30분 후에 그 도둑놈의 심보를 가진 사람들에게 다시 잡힐 것이라는 것도, 그 미물이 수입산이라는 것도 전혀 모를 만큼 순진하다.

이를 보도하는 매스컴에서는 그런 비양심적이고 부도덕한 그 장사꾼을 나무라고 질책해야 할텐데도 방생하는 순진한 사람들만을 매도하고 있으니 정말 한심한 노릇이다.

내가 일본에 잠시 머물고 있을 때, 방송사에서는 아침

시간마다 학생들이 어린 물고기를 방생하는 모습을 자주 보여주었다. 나는 그것이 생명을 살려주는 직접적인 가치 이외에도 여러 파생 효과를 가져올 수 있으리란 생각을 한다.

첫째는 환경오염, 그 가운데서도 물에 대한 관심을 불러 일으킬 수 있고, 둘째는 정서 순화에 많은 효과가 있을 것이라는 것이다.

우리는 이제 이 방생을 특정 종교행사라는 관념을 떠나서 '생명은 동등하다'는 대전제 아래 적극적으로 장려할 필요가 있다. 어느 거사가

"스님, 이제 불교는 인간 방생(교도소, 고아원 등의 사람을 돕는 일)을 해야 할 때입니다. 미물 방생은 필요 없습니다."

하고 모자라는 소리를 했다. 나는

"거사님, 불교는 인간만의 불교가 아니라 모든 생명체의 뭇 중생 불교입니다."

하고 잘라 말했다. 거사는 다시 따져 물었다.

"방생한다면서 오히려 강바닥을 더럽히잖아요."

"쓸데없는 소리 말고 방생을 실제로 해보세요!"

거사는 그 이후로 몇 번 방생을 따라나서더니 그 즐기던 낚시를 그만 두었다. 낚싯대를 아예 자기 손으로 꽉 분질러버렸다.

방생은 우리 마음속에 있는 자비의 종자를 싹 트게 하

는 일이며 복밭을 일구는 좋은 적선이 된다.

歸根得旨 근본으로 돌아가면 뜻을 얻고
隨照失宗 비춤을 따르면 종취를 잃느니라.

무명(無明)

깜깜한 밤에 산길을 나섰다.
나를 따라붙는 한 청년이 있었다.
언제부터인가 나는 사람이 무섭지 않게 되었다.
깡패든, 도둑이든 말을 붙이면 좋은 친구다.
그 청년은 밤도둑이었다.
"어이, 청년! 빨리 오게……."
당황한듯 그 청년은
"스님, 저는 그림자가 없는 놈입니다."
하고 대꾸했다.
"마음에 복잡한 것은 없겠구려."
"예, 저는 아무 생각 없습니다."
"자네는 이제 그림자를 만들게. 그림자는 사람을 깨어있게 하거든."
금방 친숙해진 청년 친구는 말했다.
"그림자는 '자기 허물'이란 뜻인가요?"
이후, 청년은 마음을 고쳐먹고 낮에 근무하는 직장을

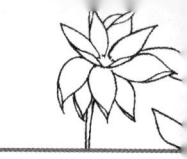

구하였다. 그림자를 보게 된 것이다.

  요즘은 그림자를 느끼지 못하는 사람들이 많다.

사냥.

낚시.

도둑질.

살인.

폐수방류.

   :

잘못됨을 느끼지 못함.

보지 못함.

이를 무명(無明)이라 부른다.

須臾返照   잠깐 사이에 돌이켜 비춰보면
勝脚前空   앞의 공함보다 뛰어나니라.

이미 제도된 장치로만 느낀다

 사람은 누구든 때로 혼자이고 싶을 때가 있다.
 수많은 사람과 만나 숱한 얘기를 주고 받지만 가슴 한 구석 허전함을 느끼는 것이다. 다행히 호흡이 맞는 사람이 있으면 그나마 괜찮지만, 별 시답지도 않은 이야기를 무슨 대단한 사건처럼 장황하게 늘어놓는 사람을 만날 때면 무척 피곤하다.
 '일상에서의 탈출'
 훌쩍 짐을 싸서 떠나오니 구름 속을 지나는 달처럼 자유로워서 좋다. 오랜만에 포교당에서 토굴로 돌아온 것이다. 내가 없으면 불교가 내려 앉을 것 같고 절이 금방 문을 닫을 것 같았지만, 잘 되어가고 있다는 소식을 들으니 한 짐 벗은 것 같아 홀가분하다.
 혼자 있는 것이 신이 나서 산을 몇 개나 넘어서 나무를 해왔더니 몸에 무리가 갔다.
 자고 일어나니 온 전신이 뻐근하고 기침이 나면서 몸에 열이 오르락내리락하더니 으슬으슬 추워왔다.

특별한 약이 없어 흑설탕을 구해다가 조금씩 끓여 마셨지만 별 차도가 없었다.

몸은 좀 고달프지만 이런 사람 저런 사람의 구설에 오르지 않아서 마음은 편하다.

작년에 있었던 일이다.

전국적으로 독감이 유행하였는데 나는 막차를 타게 되었다.

본래 기관지가 약하기 때문에 한 번 감기에 걸리면 기관지염까지 와서 늘 고생하는데 작년에도 한 달이 지나도록 병이 낫질 않았다.

자연 여러 사람에게 피해를 끼치게 되었다.

강의를 좀 쉬라고 만류하시는 분도 계셨고, 법당 카펫 청소를 더 자주하시는 분들도 계셨다. 약을 지어주시는 신도분들이 계실 정도로 다들 걱정해 주었다.

그런데 백의 한 명 정도는 마구니 같은 행동을 하는 사람들이 있었다. 극소수라서 말할 필요가 없었지만, 기상천외한 발상까지 하는 야시 미구들이 있었다.

"어떤 여자가 옮겼을까?"

"스님 병이 잘 안낫는 것은 친한 여자들이 있어서 기를 뽑아서 그럴 것이다."

기도 안 차는 일이다. 자기가 기른 개에게 발꿈치 물린 격이다.

보통 우리의 말이나 행동은 자신의 경험이나 생각이

고정된 틀이 되어 외부상황을 거기에 끼워 맞추는 것이다. 즉, 그렇게 말하고 다니는 사람들은 '내가 옛날에 그런 짓 많이 해봐서 다 안다' 하고 떠벌리는 것과 다름이 없는 것인 줄 알아야 한다. 중생은 이미 제도된 장치로만 느낀다는 것을 알면 그런 마구니들은 스스로가 부끄러울 것이다.

무시겁래로 다져온 업 속에 검은 장치가 많이 된 사람은 세상이 검게 보이고, 흰 장치가 많이 된 사람은 세상이 희게 보인다.

아름다운 장치가 많이 된 사람은 세상이 아름답게 보이고, 더러운 장치가 많이 된 사람은 세상이 늘 더럽고 부정적으로 보인다.

우리 인간들이 종교를 갖고 기도하는 것은, 마음 속에 보관되어 있으되 보이지 않는 이 장치를 더욱 아름답고 밝은 빛깔로 바꾸어 가기 위한 부단한 자기 정화 작업이다.

그래서 신앙 생활이 중요하다.

前空轉變　앞의 공함이 전변함은
皆由妄見　모두 망견 때문이니라.

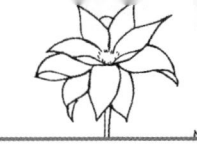

예수재

예수재(預修齋) 불사(佛事)를 알리는 홍보물이 온 시내를 뒤덮고 있다. 옆에 앉은 신도 한 분이 '도대체 예수재가 무엇인가요?' 하고 말을 건네는데, 갑자기 잘 가던 차가 힘을 잃고 멈춰 서 버렸다. 열을 식혀 인근 카센터까지 겨우 몰고 갔다. 점검 결과 자동변속기(미션)가 나갔다는 것이다. 자동차에 문외한인 나는 그들의 요구대로 차를 두고 돌아왔다. 아는 정비사에게 이 이야기를 했더니 펄쩍 뛰었다.

"나도 기름쟁이지만 너무 심하게 사기친 놈입니다. 차를 탄 연수로 보아 '무상수리 보증기간' 입니다."

그 소리를 듣고 당장 그 카센터로 달려갔더니 일요일인데도 일을 하고 있었다. 이미 변속기를 교체한 이후였다. 무상수리 보증기간을 알면서 고객을 속인 것도 괘씸했지만, 알고 보니 변속기는 일반 카센터에서는 손을 못 대도록 금지해 놓은 중요 부분이었다. 휴일인데도 허겁지겁 작업한 속셈이 있었다.

자기 돈 벌겠다고 새 것으로 교환가능한 차를 불법정비까지 하면서 중고품으로 갈아놓은 것이었다. 기가 막히는 일이었다. 이십 대 젊은 카센터 주인은 '잘못된 일이지만 대부분 이렇게 합니다'라고 말했다.

세태가 그런 모양이다.

하기야 남의 집에 들어가 도둑질도 하는데, 자기 집에 들어온 사람 돈 좀 훑겠다는데 뭐 허물이 되겠는가! 나는 차를 찾아오면서 돈에 취한 그 젊은 주인을 몇 번이고 쳐다보았다.

물론 돈을 깎지도 않았고 고발하지도 않았지만 며칠이고 기분이 찜찜하였다.

예수재!

예수재는 이런 우리 인간들의 잘못된 욕심을 경계하고자 봉행되는 독특한 불교 의식이다. 분명 다음 생이 있다고 확신하면서 내생길을 닦는 수행 의식이 예수재인 것이다.

인생은 일회적이 아니라 세세생생 연속된 삶이 전개된다. 우리는 이 현실을 내생과 단절해서 생각치 말아야 한다. 다음 생이 있음을 안다면 우리는 서로 사랑하고 서로 도와가는 삶을 살지 않을 수 없다. 그런데 어떻게 짧은 한순간 자기 이익을 챙기기 위해 다른 사람에게 불쾌감을 주고, 피해를 주는 일을 하겠는가.

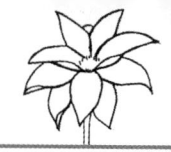

신혼 여행

제주도 만행중에 폭포를 구경하기 위해 길을 걷는다.
 웬 남자가 바쁜 걸음으로 휙 앞질러 갔다. 조금 있으니 젊은 여자가 높은 굽이 달린 구두를 양손에 들고 맨발로 끙끙거리며 뒤따랐다. 내가 한마디 건넸다.
 "발바닥 안아파요?"
 "스님, 하이힐을 안신다가 신으니 못걷겠어요. 세상에 뭐 저런 남자가 다 있어! 신혼여행이라고 해서 왔더니……. 발이 아프다고해도 신경도 안쓰고, 같이 다니기에 창피하다는 말만 하잖아요!"
 남편한테 할 이야기를 나한테 중얼거렸다.
 "그러니까 남자는 다 도둑이라고 하잖아요."
 "스님, 저 사람은 도둑은 아니예요."
 "그러면, 딴소리 하지 말고 따라 붙어요."
 여자는 뒤뚱뒤뚱 팔을 흔들며 쫓아갔다.

집착

고속도로 톨게이트로 진입하다가 내리막 코너에서 갑자기 자동차가 흔들리기 시작했다. 핸들 조작이 먹혀들지 않았다. 순간 두 가지 생각이 일어났다.
"아, 빵꾸구나!
사고라도 나면 신도들의 신심(信心)이 떨어지는데……."

쿵! 하고 중앙 분리대를 들이박고 차가 멈췄다. 짧은 순간이 너무 길게 느껴졌다. 바깥쪽 낭떠러지로 가지 않은 것도 다행이지만, 마침 뒤따라오는 차가 없어서 사고가 일어나지 않았다.

'죽음을 눈 앞에 둔 사람들이 미련을 갖는다더니…….'

나대로의 집착이 있었다.

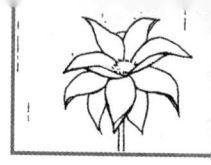

다리미

땀을 뻘뻘 흘리면서 다리미질을 한다. 날씨가 너무 더워 오후 정진을 쉴 정도인데 그 시간에 뜨거운 다리미와 씨름을 한다.

바깥 온도가 38도니까 다리미 열까지 합하면 얼굴에 느껴지는 체감 온도는 50도가 넘는다.

땀구멍이라고 생긴 구멍은 모두 열려서 물방울을 거침없이 쏟아낸다.

땀이 낙숫물처럼 그대로 옷감에 뚝뚝 떨어진다. 런닝셔츠가 완전히 흠뻑 젖는다. 벗어서 쥐어짜면 물이 줄줄 흐른다. 여름철 다리미질은 이처럼 체력소모가 많다. 그렇지만, 그렇게 힘드는 줄 모르고 일한다. 일이라기 보다도 취미라고나 할까!

무명옷이나 삼베옷은 아주 빳빳하게 풀을 해서 물을 뿌려가며 기초 손질을 한 다음 다리미질을 한다.

다리미가 지나간 자국이 아주 '맨질맨질'하게 되는 것을 살펴보는 것은 참 흥미롭다.

특히 한 여름철에는 풀을 되게 해야 풀기운이 오래 가는데, 풀을 되게 한 옷감일수록 때깔이 난다.

풀에는 여러 종류가 있다.

밀가루를 사용한 밀가루풀, 밥을 으깨어 만든 밥풀, 맵쌀과 찹쌀을 적당히 섞어서 쑨 찹쌀풀 등이 있다. 이 중에서도 찹쌀풀이 가장 상품(上品)이다. 찹쌀풀은 순하면서도 풀기운이 오래간다.

아무튼 무슨 풀을 재료로 쓰든지 겨울에는 풀을 엷게 하고, 봄·가을은 중간으로 하며 여름풀은 되게 한다.

대중이 많이 모여 살 때는 풀을 쑤어내는 당번이 따로 있을 정도로 스님들에게 있어서 이 풀은 중요하다. 풀을 해서 널어 말리는데 비라도 오면 여간 약오르는 일이 아니다. 비를 맞히면 옷에 냄새도 나거니와 풀기운이 많이 없어진다. 그러니 할 수 없이 풀을 빨아내고 다시 풀을 해야 한다. 장마철에는 자주 이런 일이 있다.

성가실 때도 있지만 풀 먹이는 일도 재미다. 어쩌면 이 자체가 수행이다.

요즘은 옷감이 잘 나와서 이런 번거로운 일을 하지 않아도 되지만, 승복은 무명이나 삼베로 된 것이라야지 품위도 있어 보이고 옷입은 것 같은 기분이 든다. 그리고 풀을 해서 입는 옷은 몸에 정전기가 일어나지 않아 건강에도 좋다.

풀 먹이고 다리미질하는 동안에는 아무 잡념이 일어

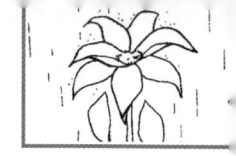

나지 않아 이 또한 수행자로서 큰 소득이 아닐 수 없다. 그래서 이런 일들이 그렇게 싫지 않다.

 무명 삼베옷에 풀을 잘해서 다려 입고 나갔다가 소나기라도 만나는 날이면 당장에 합성섬유 옷으로 바꾸고 싶은 생각도 있지만 다음 날이면 여지없이 또 그 옷을 만지게 된다.

 또 땀을 뻘뻘 흘리면서.

不用求眞   참됨을 구하려 하지 말고
唯須息見   오직 망녕된 견해만 쉴지니라.

기 도

차를 타고 가다가 아스팔트 위에 깔려 죽어있는 짐승을 보는 순간 기도하는 대보살이 있었다.
"나무 관세음보살, 좋은 세상에 나소서."

그도 남이 아니지 않는가!
나의 눈 안에 들어있고,
나의 머리 속에 들었고
이미, 나의 감정 속에 자리했다.

남을 위해 기도하는 일은
바로 자신을 위한 기도이며 공부이다.
세상은 본래로 한 몸, 한 세월.

그렇게 기도하던 보살님은 자식 오남매가 지켜보는 가운데 '나무 관세음보살'을 외우며 자는 듯이 타계(他界)하셨다.

   수천 명의 사람들이 이번에는 그 보살님을 위해 기도했다.

   영롱한 사리 세 과를 남겼다.

二見不住　　두 견해에 머물지 말고
愼莫追尋　　삼가 쫓아가 찾지 말라.

토굴 속의 청춘

'청춘이 구만 리 같다'는 말.
그 구만 리도 길지 않음을 느낀다.
영원하지 않다는 그 사실만 있을 뿐.

늙어 죽을 때까지 소년처럼 언제까지나 튼튼하리라고 믿었는데…….
요즘은 눈이 침침할 때가 있고, 감기에도 잘 걸린다.
아무리 큰소리 쳐 보아도 변화무쌍한 세월은 그렇게 흘러가 버리는 것이다.

한 번은 참선중에 상기가 되더니 핏발이 섰다. 점점 심해지더니 눈에서 피눈물이 쏟아졌었다.
충혈된 눈을 감당하기 힘들어 차디찬 눈 속에다 내 눈을 묻었다. 얼음으로 눈꺼풀을 맛사지했다. 그 뒤로 안질이 좋지 않았다.
영하 20, 30도까지 내려가는 강추위로 방 안에 갖다

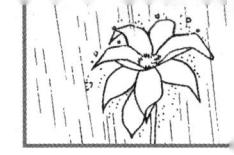

두었던 양동이의 물이 꽁꽁 얼어붙던 날.

땔감을 장만하느라 온종일 도끼질을 해대었더니 허리가 아파오기 시작하였다. 자는데도 통증으로 허리가 내려앉을 것만 같다. 잠 한숨 자지 못하고 식은 땀을 줄줄 흘렸다.

세상에 무슨 바램이 있어서 눈을 혹사시키고 허리를 고생시키느냐고 말들을 하지만 나는 이 길이 그냥 좋을 뿐이다. 좌선하고 있는 무릎이 끊어질듯 시리고 고통스럽지만 당장의 빵과 밥을 구하기 위해 살고 싶지는 않다.

구만 리 같은 청춘, 그 구만 리가 영원하지 않음을 알기 때문에 이 몸 이대로 고맙게 느끼며 열심히 정진할 뿐이다.

기운이 많이 처진다.
눈도 시구랍고, 허리도 아프고…….

사탕약

사고 공화국이라고 하더니…….
육·해·공에 걸쳐 사고가 끊일 날이 없다.
이번에는 삼풍백화점이 무너졌다.
해체 폭파를 연상시키듯 폭삭 주저앉았다. 이렇게 집을 지어놓고 사는 우리들이 너무 부끄럽다. TV를 보는 것도 부끄럽고 하늘을 쳐다보는 것도 부끄럽다. 대통령이 나서서 '부덕의 소치' 운운하기까지 했다. 국가적 망신이요, 우리 민족의 자존심을 짓밟는 이런 대형 참사가 더이상 없기를 기도해 본다.

포행(布行)삼아 대웅전 앞에 나섰더니 창백한 얼굴 모습으로 애기 손을 잡은 젊은 아낙이 말을 붙였다.
"스님, 우리 애가 이유도 없이 시름시름 아픕니다. 제발 살려주세요. 병명도 없어요. 우리 애를 위해서 과일이나 과자 좀 주실 수 있는지요?"
"……!"

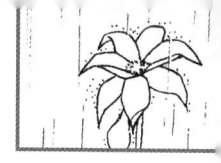

　그저께 삼풍백화점 붕괴 현장에서 거의 20일만에 극적으로 구출된 한 아가씨가 꿈에 어느 스님으로부터 사과 하나를 얻어먹고 살아났다는 말을 했다.
　몸도 움직일 수 없는 밀폐된 공간.
　깜깜한 시멘트 더미 속.
　배고픔과 갈증, 그리고 공포. 그곳에서 스님의 사과 선물은 바로 생명줄이었을 것이다.

　"보살님, 애기 먹일려고 그러시는군요."
　다짜고짜 보채는 젊은 아낙의 말을 거절하기 힘들었다. 삼풍백화점 사고의 아가씨 사과에서 힌트를 잡은 모양이다. 원주실(院主室 : 절 살림을 관리하는 방)에 가서 사탕 서너 개를 얻어다 주었다.

　한 달후 아낙네가 또 나타났다.
　애기가 무척 건강해졌단다.
　이번에는 사탕을 봉지채로 주었다.

산

도반인 해종, 철운 스님과 함께였다.

셋이서 공부를 하다가 갑자기 가을 바람이 들어서 걸망을 짊어지고 일어섰다.

"가자 - 설악산으로……."

우리는 용대 2리에서 하차하여 백담사 계곡을 따라 걷기 시작했다.

아직 따가운 9월의 햇살은 나그네의 얼굴에 땀을 송골송골 맺게 했다.

철 이른 가을 산행이라 사람들이 많지 않아서 좋다.

길에서 보이는, 희다 못해 청옥같이 푸른 계곡물은 금방 우리를 그 속으로 끌어들였다.

물에 비친 하늘인지, 하늘에 비친 물인지 온통 파란색 천지다.

우리는 자연에 도취되어 이 바위에서 저 바위로, 저 바위에서 이 바위로 뛰어다니며, 곡예사가 곡예를 하듯이 재주를 부렸다.

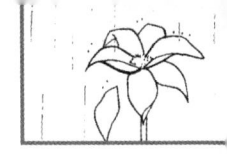

그런데 아뿔싸! 내가 발을 헛디뎌 이마를 바위에 그대로 내리꽂고 말았다.

'뻑' 하는 것이 꼭 바위가 부서지는 줄 알았다.

스님들이 무슨 의사인 양 내 이마를 이리저리 보더니 껍질에 상처만 조금 났으니 괜찮다는 것이다.

그리고 한마디씩 했다.

"산에서는 산을 우습게 보면 안되지. 조심해야겠어!"

"그래 맞다, 그만만해도 다행이다 마. 대표로 경고 받은 거니까 그래 알고 큰 액땜했다고 생각하자."

남은 아파서 견디기 힘들 정도인데 둘은 북치고 장구치며 재미있어 했다.

우리는 백담사에 들렀다.

"부처님, 껍질에 조금의 상처만 나게 해주셔서 감사힙니다."

하고 말씀드렸더니 백담사 대웅전 부처님은 빙그레 웃기만 하신다.

티없이 맑은 청정
언제나 한결같은 이여.

귀가 하나 없는 여자 / 모내기 / 쌍화탕 / 정말 좋은 이야기 / 보시의 기쁨 / 소욕지족
보살 / 먹물옷 / 웃자 / 등값 / 비행기 사건 / 부처님 밥그릇 / 총각과 처녀 / 배 안에서
중님들 / 흑산도 아가씨 / 꿈 / 현재의 몸 / 최소한의 양심 / 교육 불사 / 연꽃 같은 삶

귀가 하나 없는 여자

말로 온 동네를 다 겪는 보살이 있다.

남의 얘기는 들을 틈도 없이 입에 발동기를 달아 놓은 것처럼 자기 이야기만 해댄다. 어디서 그렇게 많은 얘기를 주워 듣고, 어디서 그 많은 허물을 캐냈는지 의아할 정도다.

하루는 혼자서 한참 떠들더니

"스님, 스님, 좋은 얘기 하나 있심더."

하고 심각하게 분위기를 잡았다. 모였던 다른 보살들도 '무엇인가' 하고 시선을 모았다.

그 보살이 말하였다.

"어떤 신장(神將 : 여러 신들 가운데 그 우두머리로 부처님 법을 지킨다고 알려져 있음)이 말많은 여자 천 명을 모아서 남자 한 명을 만들었더니 귀가 하나 없더랍니다!"

내가 가만히 들어보니 그럴 듯하였다. 한마디 거들었다.

"보살 같은 여자 천 명 모으기도 힘들걸요."
보살이 금방 화답했다.
"스님, 저는 지금도 귀가 하나 없잖아요!"
방에 모인 모든 보살들이 배를 잡고 때굴때굴 구르면서 우습다고 소리를 질렀다.

사람들은 스스로를 잘 모른다.
알아야 한다.
아는 것만 해도 무척 좋은 일이다. 알고 있는 문제를 실지로 개선해 나갈 수 있다면 더욱 좋은 일이다.

纔有是非　　잠깐이라도 시비를 일으키면
紛然失心　　어지러이 본 마음을 잃으리라.

모내기

모내기를 하는 날이다.

아침부터 스님들은 가슴 설레인다.

특히, 서울 깍쟁이 출생의 스님들은 쌀나무를 심는다는 기대감으로 다른 이들보다 더욱 부산을 떤다. 바지를 걷어 올리고 다리를 노끈으로 묶는 등 현장에 가서 해도 될 일을 미리 준비한다.

대중울력을 알리는 목탁소리가 두 번 길게 울려 퍼지면 방방에서 스님들이 쏟아져 나온다.

오늘 만큼은 자유 복장이다. 각자 취향대로 옷을 입는다. 체육복을 입어도 된다. 삼삼오오 무리를 지어 모내기할 논으로 향한다.

사실은 영농의 기계화로 굳이 스님들의 일손이 필요치는 않다. 얼핏 생각해 보면 많은 인력이 들어가는데 비해서 작업량은 그리 많지 않으므로 비합리적이다.

그렇지만 스님들은 이런 것을 통해서 다른 느낌을 받는 큰 공부를 한다.

스님들은 모내기날을 은근히 기다린다.
논두렁에 도착하면 못짐(모를 묶은 단)을 서래질 한 논바닥에 여기저기 던져 넣는다. 그리고 논안으로 들어간다.
나이가 좀 많은 이가 모줄을 대면 대중들은 그 줄에 맞추어 모를 꽂는다. 처음에는 서툴지만 조금 시간이 지나면 제법 신명이 난다.
'자-, 못줄 넘기고!'
제법 고함까지 질러댄다.
밀짚모자를 눌러 쓴 스님들이 수백 명 도열하여 모내기를 하는 광경은 참으로 장관이다. 지나가던 행인들도 신기한듯 넋을 잃고 본다.
모를 심을 때는 주의할 점이 있다.
너무 깊게 꽂아서도 안되고, 너무 얕게 꽂아서도 안된다. 너무 깊게 꽂으면 모의 발육에 지장이 있고, 너무 얕게 꽂으면 모가 떠서 헛 일이 되고 만다.
세상의 다른 일도 마찬가지지만 모내기는 더욱 정성을 다해야 한다. 한 번 그르치면 1년 농사를 망치게 된다.
열심히 하다보면 흙물이 얼굴에도 튀고 옷에도 튄다. 오히려 말짱한 것이 이상하다.
다리가 따끔거려 발을 들어보면 거머리가 피를 빨고 있다. 거머리는 집요한 데가 있어서 정말 거머리처럼 달

려든다. 한쪽 끝을 잡아 늘여 당겨도 좀체로 놓아주지 않는다. 때려야 말을 듣는다. 손바닥으로 '탁'치면 떨어져 나간다. 거머리한테 물리면 며칠간 그 부위가 몹시 가렵다.

시간은 금방 간다. 중참이 기다려진다. 모를 심는 동안 몇몇은 중참을 준비한다. 중참은 주로 국수다. '중참 들고 하시오'하는 말이 떨어지기 무섭게 스님들은 논머리에 쭉 둘러 앉는다. 강원 스님, 선방 스님 할 것 없이 되는대로 한그릇씩 받아들고 훌훌 들이마신다. 열심히 일한 뒤의 국수 맛은 그 어떤 말로도 형언하기 어렵다.

6월의 따뜻한 햇살.

그 햇살을 온몸으로 받아들이며 자연의 노래를 부른다.

모내기가 다 끝나고 벌찌감치 벌어져서 보 낸 논을 보고 있으면 마음이 부자가 된 것처럼 넉넉해진다.

스님들은 그 논둑길을 걸으며 모의 성장을 살핀다.

땅의 기운을 받는 '사랑'의 시기를 맞이하면서 모는 힘있는 푸른 빛을 나타낸다. 모가 아니라 벼로 성장해 간다. 드디어 이삭이 패고 들판은 황금빛으로 변한다.

벼는 스님들의 손길을 기다린다.

우리의 인생도 그와 함께 영글어간다.

쌍화탕

독감이 한창 유행이다.

사무실 직원들이 독감 때문에 교대로 결근을 한다.

나도 목이 좀 뻐근한 것 같아서 한 사무원에게 쌍화탕 한 박스를 사오도록 시켰다.

며칠 후, 아침부터 사무원들이 데모를 했다.

내가 무슨 일이냐고 물었더니,

"스님, 그저께 쌍화탕 우리 하나씩 줄려고 사신 것 아닙니까?"

하고 전혀 엉뚱한 질문을 했다.

"벌써 다 먹었는데!"

하고 별 생각없이 대답을 했다. 그랬더니 다들 합창하듯 소리쳤다.

"스님, 너무 하십니다! 우리는 하나도 안주시고…."

변명할 여지가 없었다. 내 생각만 했다.

정말 좋은 이야기

　학생 시절에 만난 옛 벗이 어떻게 소식을 알았는지 혼자 기거하는 곳까지 올라왔다.
　"스님, 세상 살려니 참 골치 아프다. 뭐 좀 좋은 이야기나 해주라."
　그의 얼굴을 들여다 보니 한몸에 세상 고민을 다 짊어지고 있었다.
　"벗, 조금 있다가."
　나는 그를 데리고 물안개 피어오르고 폭포수 떨어지는 시원한 계곡으로 갔다.
　"야, 이런 곳도 있었나! 시원한 물소리 참 끝내준다. 저 새는 무슨 샌데 저렇게 고운 소리를 내노……."
　그는 금방 도취되어 웃옷을 벗어 던지고는 얼굴 껍질이 다 닳도록 수십 번이나 세수를 하였다.
　"야! 이렇게 시원할 수가……."
　그는 신바람이 났다.
　우리는 계곡을 벗어나 다시 산등성이에 올라섰다.

"스님, 아까 좋은 이야기 해준다 그랬잖아?"

그가 정색을 하고 말했다. 나는 곧 반문했다.

"지금까지 실컷 듣고서는. 시원한 물소리, 고운 새소리 안들었나!"

"스님, 그기 그래 되나. 그런데 묻기는 스님한데 물었는데 대답은 왜 다른 것이 하노?"

나는 그냥 아무렇지도 않은듯 말했다.

"벗, 몸은 한몸인데 왼손이 하든 오른손이 하든 그게 뭐 관계 있나!"

지난 밤에 비가 온 뒤라 그날은 산색(山色)도 좋았거니와 푸른 창공이 너무 맑아 좋았다.

二由一有   둘은 하나로 말미암아 있음이니
一亦莫守   하나마저도 지키지 말라.

보시의 기쁨

어린이 법회.

법회 때마다 꼭 보시금을 내도록 가르친다.

아이들에게 있어서 부처님 전에 보시를 한다는 것은 깊은 의미가 있다.

한 어린이가 고백을 해왔다.

"스님께서 용돈을 절약해서 보시하라고 하셨는데 지난 주에는 보시할 돈으로 과자를 사먹어 버렸어요. 양심의 가책 때문에 스님 얼굴을 쳐다보지 못했습니다. 오늘은 제가 아낀 용돈 500원을 보시했는데 마음이 너무 편하고 기분이 좋아요."

해야할 일을 한 공덕.
보시의 기쁨!!

소욕지족(少欲之足)

욕심꾸러기인 사람과 마주했다.
병적이었다.
내가 충고했다.
"스스로에게 만족하십시오."
그는
"자신에게 어떻게 만족합니까!"
하고 대들었다.
나는 쏘아붙였다.
"그럼, 남한테 만족하십시오!"

一心不生　　한 생각이 일어나지 않으면
萬法無咎　　만법이 허물 없느니라.

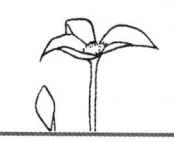

보 살

세상을 통째로 사랑하기란 정말 힘든다.

나는 사랑하지만 그들은 저만큼 달아나 버리기 때문이다.

달아날 줄 알면서 그를 따라가며 사랑한다는 것은 가혹한 형벌이다.

사람들은 바보라고 놀려대기도 한다.

그러나 그 사실마저도 다 알고 자신의 모든 것을 불태울 수 있다면 우리는 그를 보살이라고 부른다.

진실한 사랑은 사람의 관념적인 계산을 넘어서 있기 때문이다.

먹물옷

스님들이 입는 승복을 먹물옷이라고도 한다. 흰 천에 먹물을 들여서 옷을 짓기 때문이다.

먹물을 들일 때는 먹물에다 소금, 명반석, 식초를 곁들여 옷과 충분히 주물러 잘 배합한 뒤 푹 삶는다. 소금이나 식초는 천을 부드럽게 하며 명반석은 착색에 도움이 된다. 물론 무명, 삼베 등의 재질이나 자기 취향에 따라 먹물 농도를 조절하면 된다.

보통은 겉옷만 먹물을 들여 회색빛깔을 내는데, 한 번은 겨울 내복까지 물을 들여보았다. 처음으로 물들인 옷을 입은 채 겨울을 나고 대중목욕탕엘 갔다. 깜짝 놀랄 일이 벌어졌다. 온몸이 온통 새까맣게 염색되어 버린 것이다. 목욕을 오래 안한 탓도 있지만 내복의 먹물이 피부에 닿으면 몸에 배이리라는 것을 생각하지 않은 것이다.

탈의실에 있던 사람들이 다들 힐끔힐끔 쳐다보았다. 낯모르는 어느 거사가 말을 붙여왔다.

"스님, 스리랑카에서 오셨습니까?"

나는 본래 피부가 까무잡잡한 스리랑카 사람마냥 한국말을 모른 체하고 목욕실로 들어가버렸다. 변명할 수가 없었기 때문이다. 몸의 먹물을 벗겨 내면서 생각해 보니 그 거사님은 예전에 목욕탕에서 스리랑카 사람을 본 적이 있는 모양이다. 나도 어느 선방에서 스리랑카 스님들과 지낸 적이 있었는데, 그 사람들 피부 색깔이 먹물에 염색된 피부와 똑같았다.

먹물은 거의 옷이 다 떨어질 때까지도 몸에 배였는데 목욕 때마다 곤욕을 치렀다. 그래서 그 옷이 다 떨어진 후로는 아예 속내의를 입지 않게 되었다.

입지 않으면 될 것을…….

세상의 온갖 거주장스런 옷들 - 돈, 체면, 명예, 권력 등.

살아가는 데 다 필요한 것들이지만 이처럼 속까지 더럽혀지는 일은 없어야겠다.

無咎無法　허물이 없으면 대상도 없고
不生不心　나지 않으면 마음이랄 것도 없음이라.

웃자

아침 일찍 절에 물건을 배달해 주는 남자가 있다.
그는 늘 짜증을 부린다.
"신발 벗고 물건 갖다주는 데는 여기 밖에 없네."
몇 개월후 사무원이 바뀌었다.
사무실에 들어선 그 남자는 여느 때와 같이 투덜거렸다.
마침 나하고 이야기를 하고 있던 사무원이 생긋 웃으면서
"아저씨, 힘들지요. 조금만 기다리세요."
하고는 급히 차 한잔을 대접했다.
물론 전에 있던 사무원도 차대접을 하는 것 같았는데 이번에는 달랐다. 차만 내놓은 것이 아니라 얼굴 전체로 웃는 이 사무원의 모습에 금방 마음이 누그러진 것이다.
"아, 그 차 맛 좋다! 언제든지 불러 주이소."
여자의 웃음이 이렇게 묘약일 수 있을까!

  속으로 탄식하지 않을 수 없었다.

  남자들이 살만한 것은 여자의 웃음 때문이다.
  여자의 웃음이 사라진 가정.
  여자의 미소가 사라진 사회는 냉기가 돈다.
  아름다운 여성들이여, 그대들의 웃음이 그대들을 더욱 아름답게 꾸며줄 것이다.
  늑대같은 남자들이 다소 혼돈을 일으킬 수도 있지만 그래도 그냥 웃어주자.
  웃음은 큰 보시이다.

能隨境滅 주관은 객관을 따라 소멸하고
境逐能沈 객관은 주관을 따라 잠기니라.

등값

초파일 아침부터 주지 스님께 따졌다.
"스님, 등값을 매기지 않으면 안되겠습니까?"
주지 스님은 잔잔히 웃으시면서
"우학 수좌는 아직 때 묻지 않아서 좋아. 나중에 스스로 알게 될 거야."
하시고는 더이상 말씀을 안하셨다.
그로부터 먼 후일 도반 스님이 운영하는 작은 절에서 초파일을 맞게 되었는데 나는 도반 스님한테 제안을 하였다.
"스님, 등값을 주는 대로 받아보자."
도반 스님은 내 의견에 마지못해 동의하였다.
큰 행사가 다 끝나고 결산을 해보니 작년의 절반도 돈이 들어오지 않았다. 나는 너무 미안하였다.
산골 절에서는 초파일 한 번 보아서 동지까지 먹고 살아야 되는데 큰일 난 것이다.
돈에 대해 초연해야 하지만 돈 없이는 기왓장 하나도

바꿀 수 없으니, 이 사바 세계의 모순을 어떻게 하랴.

  바치는 보시는 능력껏 차별적으로 하고, 먹는 공양은 평등하게 일률적으로 해야 한다.
  보시는 차별 보시, 공양은 평등 공양.

              境由能境   객관은 주관으로 말미암아 객관이요
              能由境能   주관은 객관으로 말미암아 주관이니라.

비행기 사건

지금의 송광사 법당이 지어지기 전의 일이다.

선방 대중들이 점심 공양 후에 나무를 해와서 그것들을 쌓고 있을 때 난데없이 하늘에서 헬리콥터가 나타났다.

산에 사는 스님들은 아주 저공으로 날으는 비행기가 너무 신기해 손을 흔들면서 환호성을 질렀다. 그러자 그 헬리콥터는 새 법당이 들어설 그 터에 착륙을 시도했다.

돌연 스님들은 짱돌 하나씩을 들고 헬리콥터를 때려 부술 듯이 접근했다. 일부 스님들은 땅바닥을 향해 돌을 던지면서 착륙하지 못하도록 위협했다.

헬리콥터는 스님들이 왜 저러는지 영문도 모르고 기체에 손상이 있을까 봐서 그냥 날아 올랐다.

유나(維那:총림의 기강을 잡는 소임) 스님은 대중들을 달랬다.

"비행기가 앉지는 않았으니까 그냥 두세요."

젊은 스님들은 이대로는 안된다는 태도였다.

"종무소에서 일을 어떻게 하길래 비행기가 부처님 꼭대기에 앉도록 하는지 모르겠습니다. 무슨 조치가 있어야 되겠습니다."

알고보니 비행기에 탑승했던 사람들은 모 방송국의 취재단으로서 송광사 국보들을 소개하기 위해 서울에서 내려온 팀이었다.

종무소 삼직(三職 : 총무·재무·교무) 스님들이 선방에 불려 올라와 해명하고 참회하는 선에서 끝났지만 하마터면 비행기 한 대가 부서질 뻔 하였다.

선(禪)을 전문적으로 수행하는 선가(禪家)는 문자나 형상에 집착하지 말 것을 늘 가르친다. 그런데 문자나 형상에 집착하지 않을 만큼 공부가 된 사람은 문자나 형상의 중요함도 잊지 않는다.

그래서 스님들은 법당터에 비행기가 착륙하지 못하도록 했던 것이다.

부처님 밥그릇

어느 저녁.

시내 음식점에 앉았는데 거지 차림으로 목탁을 치고 들어오는 남자가 있었다.

쉰 정도 나이나 될까, 뒤집어 쓴 털모자 사이로 머리카락이 삐죽삐죽 보였다.

오늘 낮에는 목탁 채를 거꾸로 쥐고 돌아다니는 잿빛 옷을 입은 여자를 보았는데, 어처구니가 없기도 했지만 시비 걸기가 싫어서 그냥 지나쳐왔다.

그런데 저녁에는 더욱 가관이다. 사타구니 아래에까지 목탁을 내려서 치길래 한마디 안할 수가 없었다.

"여보시오. 목탁이 무슨 당신 붕알이나 돼요. 목탁 쳐서 빌어 먹으려면 좀 제대로나 하시오!"

"보아하니 큰스님 같은데 점잖지 않게 말씀이 과하시오. 마누라는 바가지 긁지, 애들은 빽빽거리며 울지, 어떡합니까? 같이 좀 벌어 먹읍시다."

부처님 밥그릇이 참 크기는 크다 싶었다.

역전 광장, 백화점 앞에서 상습적으로 목탁을 치며 탁발(托鉢 : 스님이 길거리에서 시주를 받음)하는 스님은 진짜 스님이 아니다. 처자를 벌어먹이기 위해, 아니면 술값을 마련하기 위해 그런 짓을 하는 것이다.

탁발은 위의(威儀)가 있어야 한다. 다른 사람의 신심(信心)을 떨어뜨리거나 얼굴을 찡그리게 해서는 안 된다. 탁발을 하면서 부적을 팔거나 점을 치면서 헛소리를 하는 자들은 모두 가짜다.

한때 팔공산 갓바위 산자락에서는 유랑하는 사이비승들이 서로 좋은 자리를 잡으려고 술을 곤드레만드레 마시고는 싸움까지 벌인 일도 많았다. 멀쩡한 허우대로 약값 명목의 돈을 요구하거나 복지단체 기금마련을 핑계로 일정 금액 이상을 요구하는 사례도 있다. 이런데 속아서는 절대 안된다. 탁발은 성냥이나 성액이 있는 것이 아니라 정성껏 하는 것이다.

탁발은 본래가 수행의 한 방편이었다. 하심(下心)하는 마음을 기르고 이웃의 생활고를 직접 느끼는 체험이 되기도 하였다.

서울 어느 곳에서는 아침이면 돈통을 들고 돈벌이 삼아 집단으로 출근하는 부락도 있다는 얘기를 들었다.

'그 업들을 다 어떻게 할 것인고!'

종단에서는 이런 탁발의 폐해를 막기 위해 탁발 자체를 금해 놓았다.

부처님께서 친히 하신 이 탁발을 건전한 방향으로 개선해야지, '무조건' 없애는 것은 잘못된 일이라고 본다.

얼마 전에 잘 아는 어느 스님은 탁발을 한 돈으로 심장병 어린이를 고쳐준 일도 있다. 또 어느 스님은 탁발로써 지방 승가대학 학비를 마련했다는 얘기도 들었다.

탁발의 길을 나서는 수행자들은 늘 명심해야 한다. '나의 행동이 국민의 정서를 해치지는 않는지'를.

여법(如法)하게 가사 장삼을 수하고 바르게 바루를 들어라. 그리고 법도(法度)에 맞게 목탁을 쳐라.

欲知兩段	양단을 알고저 할진대
元是一空	원래 하나의 공이니라.

총각과 처녀

한 신도가 무슨 말 가운데 딸이 있다고 했다.
내가 물었다.
"몇 살인데요?"
신도는 아무렇지 않은듯 대답했다.
"스물 일곱 살이요."
내가 다시
"한 번 데리고 오지요."
라고 했더니 신도는 무뚝뚝하게
"왜요?"
라고 응수했다. 잠깐 침묵이 흐른 뒤 내가 말했다.
"총각은 처녀 보면 보는 것만으로도 기분 좋습니다."
신도는 그제서야 싱긋이 웃었다.

맞다는 말이겠지.

배 안에서

홍도로 가는 배는 만원이었다.

섬마다 들렸다 가는 완행이라 운치가 있어서 좋다.

갑판 위에 올라서서 옹기종기 모여사는 섬사람들의 모습을 보고 있노라니 참 신기했다. 늘 보는 배겠지만 도착하는 곳마다 손을 흔들고 반가워하는 그들의 모습은 천진스럽기까지 하다. 배에서는 여러 사람들을 만났다.

그림 그리는 화백, 장사하는 장사꾼, 목사, 사업가 등 여러 사람들과 많은 얘기를 나누었다.

그 중에서도 나이 43세, 사상범으로 감방신세 3년을 경험했다는 한 사나이는 눈물까지 흘리면서 20대인 우리에게 위로를 구하고자 했다. 그의 애절한 몸짓을 보고 가슴이 아팠다.

그는 돈만 있으면 작은 가정을 꾸려 남은 여생이라도 사는듯이 살아보고 싶다고 몇 번이나 되뇌었다.

엄청난 정신적 혼란과 방황으로 청춘을 떠내려 보낸

그는 삶 자체가 구도의 행각이라고 정의를 내렸다.
그는 두툼한 성경책 한 권을 끼고 있었다.
그에게 우리 '불교 전문가'들은 우리쪽 불교를 강조하지 않았다.
그에게 다시는 정신적 혼돈이 없었으면 하는 바램 때문이었다.
날씨가 쌀쌀하여 선실(船室)로 들어갔다.
역전 대합실을 연상케 했다.
숨막힐 듯한 '발꼬락내', 밀폐된 공간의 자욱한 담배 연기. 그 속에서 신사, 숙녀, 아이들 할 것 없이 땅바닥에 그냥 퍼질고 앉아있는 모습들. 그리고 재잘거림. 그 속에 끼어있던 한 스님이 우리를 반겼다.
스님은 속복을 입고 만행중이었다.
우리는 그 스님 덕분에 라면으로나마 점심 한 끼를 때울 수 있었다.
선실에서 '발꼬락내'와 함께 먹는 라면 맛은 별미였다.
우리들은 금방 그 분위기에 적응이 되어 꼭 그들처럼 퍼질고 앉아 온갖 잡담들을 늘어 놓았다.
갑판 위에서 추위에 떨고 있던, 점잖게 넥타이를 맨 도회지 양반들은 문을 열고 들어오려다가는 나가고, 문을 열고 들어오려다가는 다시 나갔다. 손으로 코를 틀어 막고는······.

총남들

뱃길 여행은 뱃고동이 클라이막스를 이룬다.
"부-아-앙"
우리는 갑판에 나갔다.
저 멀리 목적지인 홍도가 눈안에 들어왔다.
배의 대형 스피커에서는 흘러간 옛노래가 힘차게 울려 퍼졌다.
완행 동력선은 마지막 질주를 하고 있었다.
선원들이 나와서 춤을 덩실덩실 추며 즐거워하는 그 모습들이 너무 재미있다.
바다의 사나이들은 그 깊고 넓은 바다 만큼이나 그 성격들이 화통한 것 같았다.
기관실에 앉아 있어도 별 이야기 하지 않고, 그 큰 운전대를 만져도 싫어하지 않는다.
가까이 다가온 홍도는 정말 수려하였다.
동백꽃 숲, 우뚝우뚝 솟은 기암절벽, 바닥까지 보이는 맑은 물!

여기 저기서 사진들을 찍느라고 난리였지만 우리들은 가난하여 그럴 수가 없었다.

배에서 내리는데 동네 꼬마들이 갯가에서 물놀이를 하고 있었다. 그들은 스님들을 처음 보는 것처럼 도열한 채 우리만 우두커니 쳐다보았다.

나중에 알고보니 홍도는 다 기독교를 믿었다.

홍도뿐 아니라 섬이라고 생긴 데는 다 교회가 들어가 있고, 좀 큰 곳에는 대여섯 개의 교회가 있다고 한다.

불교를 믿던 사람들이 점점 개종을 하여 절이 폐사된 곳도 많다는 이야기를 들었다.

홍도를 둘러 보는데 뒤에서 누가 불렀다.

"하늘 같은 중님들, 어디서 왔어요?"

돌아보니 토박이 주민이었다.

스님이란 말도 모르는 홍도.

진리를 알든 모르든, 불교를 알든 모르든, 세상은 그렇게 존재하고 있는 것이다.

분명한 것은 그들이 불교나 스님들에 대해서 적대감이 없다는 것이었다.

종교는 그래야 한다.

요즈음 우리 주위의 잘못된 종교인들은 어제의 친구를 오늘의 원수로 대하는 수가 있다.

바른 종교는 본래 사람의 마음을 넉넉하게 한다.

이 섬 사람들의 마음 속에 지니고 있는 착함의 씨앗,

높은 분에 대해 의지하는 마음들은 하느님이냐, 부처님이냐를 별로 상관하지 않는다.
　홍도는 그래서 더 아름다운 곳이다.

　　　一空同兩　　하나의 공은 양단과 같아서
　　　齊含萬象　　삼라만상을 함께 다 포함하니라.

흑산도 아가씨

흑산도다.

선방 도반인 설해 스님과 행각을 하다가 여기까지 흘러온 것이다.

부두 근처 광조암에 들렀더니, 방을 보여주는데 수리 중이라서 도저히 잘 수가 없었다. 광조암 주지이신 대해 스님이 허름한 여관방을 하나 잡아주었다.

아침에 일어나 보니 비바람이 세차게 치고 있었다.

홍도에서 나올 때도 파도가 세어서 배가 몇 번이나 뒤집어질 뻔했었다. 배에 탄 사람들은 무서워 선실안에서 꼼짝않고 떨고 있는데, 우리는 뭐가 좋은지 갑판 위에 올라가 배가 심하게 뒤뚱거릴 때마다 더욱 재미있어 했다.

간밤에 태풍주의보가 내려진 것이다.

가진 돈이 없어 낮 12시 바로 전에 일단 여관을 나왔다. 12시만 넘으면 돈을 또 내어야 한다기에.

부두로 나갔으나 배가 있을 리 없었다.

장대 같은 비를 맞으며 둘이서 유유히 걸었다.

새로 짓고 있는 콘크리트 집에 들어가 비를 피하긴 했으나, 몰아치는 거센 바닷바람이 몹시 찼다.

비맞은 중이 되어 오들오들 떨면서 궁리에 궁리를 거듭하였지만, 별 방책이 나오질 않았다. 옷은 이미 젖을 대로 젖어 물이 뚝뚝 떨어지고 걸망도 이미 반은 젖어들어 무거워졌다.

서로가 서로를 바라보니 웃음이 났다. 서로 마주보며 한참 동안 깔깔거리고 웃다가 광조암으로 다시 돌아가기로 했다.

어제 저녁은 짜장면 한 그릇으로 끼니를 때웠지만, 오늘 아침은 맹물만 몇 컵 마셨다. 모두가 돈이 없어서다. 그래서 세인들은 돈을 갈구하는가 보다.

춥고 배고픈 고통은 우리 수행자들이 늘 각오하는 일이지만, 당할 때마다 힘든 것은 어쩔 수 없는 일이다.

광조암 문을 밀치고 들어서니 절의 공양주인 미륵화 보살이 자기방이라도 내어주지 못한 것을 후회하면서 미안해 했다.

우리는 거기서 오랜만에 따뜻한 밥 한 그릇을 받았다.

'밥아! 오랫만이로구나'

밥 한 그릇이 그토록 감사하고 또 귀중하다는 것을 느꼈다. 합장을 몇 번이고 했다.

우리는 공양 후 수리중인 방을 치우기 시작했다. 밥값

도 해야 했지만, 그보다는 밤을 여기서 보내야 했기 때문이다. 저녁 늦게까지 도배를 하고 방을 어느 정도 단장했다.

저녁 공양에 생선이 등장했다.

놀랐다.

찬거리가 없어서 보살님이 다시마를 주우러 바닷가 절벽 아래에 내려갔다가 죽은 고기를 두어 마리 주운 것이라 했다. 보살님은 용왕님이 우리들을 위해서 보낸 것이라고 그렇게도 기뻐하면서, 이런 곳에서는 고기를 먹지 않을 수 없다는 이야기를 했다.

저녁 공양 후, 주지 스님은 그 유명한 흑산도 아가씨를 구경시켜 주겠다고 해서 따라 나섰다.

나는 흑산도 아가씨가 토박이 아가씨인 줄로 알았더니 그것이 아니었다.

골목골목 빨간불이 장식된 홍등가.

삼삼오오 짙게 화장을 한 아가씨들이 힐끔힐끔 쳐다보았다. 처음 그런 곳을 보고 충격이 컸다.

인간이 스스로 상품화되어 백화점의 물건처럼 손님을 기다리는 모습에 인간으로서의 한없는 비애를 느끼지 않을 수 없었다.

개도 먹지 않는 똥보다 더러운 돈 때문이다. 인간이 돈을 부리는 것이 아니라, 인간이 만든 돈이 인간을 부리는 것이다.

태풍경보나 태풍주의보가 내려 며칠 머무는 뱃사람들의 껍데기를 벗기는 아가씨가 바로 '흑산도 아가씨'라니!
　차라리 흑산도 아가씨를 보지 않은 편이 훨씬 나을 뻔했다.
　그날 밤은 파도 소리가 요란하여 잠을 이룰 수가 없었다.

不見精　　세밀하고 거칠음을 보지 못하거니
寧有偏黨　어찌 치우침이 있겠는가.

꿈

아침에 일어나니 옆에 같이 자던 스님이, 내가 '어머니'를 무척 불렀다고 했다. 잠꼬대를 한 모양이다.

지난 밤 꿈은 무척 쓸쓸했다. 출가하던 날 버스 안에서 옷소매가 흥건히 젖도록 운 만큼이나…….

새벽에 깨었을 때 보니 베개가 온통 다 젖어 있었다. '요즘 공부가 잘 안되더니 밤이 소란스럽구나' 하는 생각이 들었다.

꿈에 고향을 다녀왔다. 어린 시절을 보내던 뒷동산과 강, 언덕 그리고 친구들을 보았다. 친구들은 결혼해서 돈도 잘 벌고 재미나게 산다는 이야기를 자랑삼아 늘어놓았다. 어머님이 곁에 서 계시다가 내 얼굴을 물끄러미 쳐다보셨다. 한말씀 하시고 저만치 강을 건너가셨다.

"큰아들아, 너는 돈도 없고, 가족도 없고……. 참 안됐구나."

나는 강을 건너 가시는 어머니를 있는 힘을 다해 불렀다.

"엄마—."

동생은 어머님에게서 내가 돈 없다는 소리를 듣고 내 손에 돈을 쥐어 주었다. 나 대신 모든 가정사를 떠맡게 된 동생이.

혈육을 버린 만큼 꿈에서도 개운치를 않았다. 육친의 정은 그토록 무서운 것인가!

이제 청춘은 덧없이 흘러가고 자주 서러운 마음이 일어난다. 해놓은 공부는 반푼어치도 없고……. 그 무슨 한과 미련이 이다지도 많아 낮에만 번민해도 복잡한 일인데 꿈에서까지 겪어야 하나.

며칠 후 동생에게서 전갈이 왔다.

나를 장손이라고 애지중지하시던 할머님이 돌아가셨다고 한다. 이미 두 달 전에 돌아가셨는데 선방 결제중이라 연락을 할 수 없었다고 했다.

할머님은 내가 출가해서 얼마 되지 않았을 때 통도사를 한 번 다녀가셨다.

밤색 행자복이 얇아 추위에 벌벌 떨고 있는 나의 손을 잡으신 할머니는

"무슨 낙으로, 청승맞게 장가도 안가고 혼자 살끼가!"

하시며 눈물을 지으셨다.

현재의 몸

 출가해서 얼마되지 않아서 병을 얻었다.
 처음에는 잔기침이 나더니 점점 심해져 가슴이 터져 버릴 것같이 고통스러웠다. 사는 곳이 습기가 좀 많아서 그러려니하고 대수롭지 않게 생각했다. 그간 넣지 않던 불도 조금씩 넣어가면서 건강에 신경을 썼다.
 주지 스님께서 싫어하는 눈치가 역력했지만, 당시에 나는 아직 아무것도 모르는 사미였기 때문에 딴 절로 옮길 것은 감히 생각도 못하고 어쨌든지 몸을 회복해야겠다는 한 가지 생각 뿐이었다.
 그런데 몸은 점점 쇠약해져 가면서 염불도 할 수 없을 만큼 기침이 났다. 밤에는 견디기가 더 힘들었다. 밤새도록 기침을 하고나면 온 머리가 다 흔들리고 이빨까지 치솟아 고통이 말이 아니었다.
 나는 고등학교 다닐 때 기관지염을 심하게 앓은 적이 있었다. 농촌에서 나와 시내에서 자취를 하였는데 당시에 집이 좀 어려운 것 같아서 돈을 아낄 요량으로 학교

찬 마룻바닥에 자다가 그만 병을 얻었던 것이다. 그 이후 달리 약을 쓰지 않았는데도 괜찮아진 경험을 갖고 있었기 때문에 이번에도 미련하게 버틸 작정이었다.

그러나 시간이 흐를수록 진단이 받고 싶어졌다. 피골이 상접해지는 것은 물론, 얼굴이 노랗게 변해가고 목에서는 피가 올라오기 시작했기 때문이다. 그리고 으슬으슬 추위 견딜 수가 없었다.

보는 사람마다 곧 죽게 생겼으니 빨리 병원에 가보라는 것이었다. 나는 오기가 생겼다.

'출가하여 도(道)도 이루지 못하고 중생제도(衆生濟度)도 하지 못했으니, 이 무슨 꼴이람. 일단 살고 봐야 한다.'

시간을 내서 병원엘 갔더니 폐에 염증이 생겨 위험할 뿐만 아니라 자칫하면 큰 일도 날 수 있는 문제라고 진단을 내렸다.

주지 스님이라는 사람은, 공연히 더 데리고 있다가는 부려먹기는 커녕 초상칠 것 같은 예감이 들었던지, 조용히 자기 방에 부르더니

"집에 가서 치료하고 다 나으면 또 오지."

하고 상식 밖의 소리를 했다. 나는 거기서

"스님, 저는 집에서 병을 얻어 온 것이 아닙니다. 이 절에서 살다가 병마장을 만났습니다. 죽어도 여기서 죽겠습니다."

하며 단호한 입장을 보였다. 알고보니 주지 스님도 이 절에서 나와 같은 병을 얻어 꽤나 고생을 했던 모양이었다. 그러니까 자기 몸은 중하고 남의 몸은 아깝지 않은 것이다. 자기 몸의 고통은 느낄 줄 알면서도 남의 고통은 전혀 아랑곳하지 않는 주지 스님의 모습을 보고 '세상은 어디나 참으로 냉정한 곳이구나' 하고 뼈에 사무치는 설움을 느꼈다.

나는 병원 약을 쓰면서 100일 관음기도에 들어갔다. 죽든 살든 부처님이 알아서 해주실 것을 믿고 내 할 일만 해야겠다고 작심했다. 내 할 일이란 기도밖에 없었다. 평상시에는 그렇게 간절하지 않던 기도가 몸에 병마가 붙으니 밤에 잠을 자지 않아도 될 만큼 기도가 간절해져 갔다. 도가 높아지려면 마장이 있어야 한다더니 이를 두고 한 말씀이있다.

"부처님, 이 몸이 나으면 더 열심히 정진하겠습니다. 그리고 부처님 일 좀 하고 살겠습니다. 지금까지 저는 제 욕심만 부리며 살아왔습니다."

어느 날 밤, 비몽사몽간에 부처님은 큰 어미 사자의 모습으로 나타나셨다. 어린 새끼 사자인 나를 언덕 아래에 던져 놓고는 위에서 소리치셨다.

"너는 현재의 네 몸이 중요하느니라. 몸은 집착해서도 안될 일이지만 몸을 방치해서도 안되느니라. 올라오면 사자가 될 것이고 올라오지 못하면 끝장일 것이니라.

그 몸을 떠나서 딴 몸이 있지 않으니 더욱 수행할지니라."

나는 그 언덕을 기어 올라 오느라 죽을 힘을 다했다. 미끄러지면 또 오르고, 중간쯤에서 삐걱하여 떨어지면 다시 시도하였다. 결국 마지막 한 발자국을 언덕에 올려 놓자 큰 어미 사자가 기다렸다는 듯 사자후를 토해 내었다. 그 소리에 깨고 보니 온몸이 땀범벅이었다.

그날 이후로 몸은 급격히 좋아지게 되었다.

100일 기도가 끝나고 병원을 찾았더니 의사는 "이렇게 빨리 회복하기 힘드는데……." 하고 놀라는 표정이었다.

곧 몸은 완쾌되었고 나는 공부의 길을 떠났다.

10여년 후 이야기삼아 그 주지 스님께 그때 일을 말씀드렸더니 '그 부분에 대해 사과한다'고 한마디 했다.

달면 삼키고 쓰면 뱉는 사람들이, 사는 것은 오히려 풍족한 수가 많다. 그 주지 스님은 그렇다.

그때 나는 다른 사람들로부터는 많은 신세를 졌다. 나는 그 설움 속에서 세상에는 좋은 사람이 더 많다는 것을 느끼기도 했다.

大道體寬　대도는 본체가 넓어서
無易無難　쉬움도 없고 어려움도 없나니라.

최소한의 양심

　날도 저물고 해서 조계종 선학원이란 간판만 보고 일반 민가와 크게 다를 바 없는 어느 절에 들어섰다.
　방사를 정하고 집을 이리저리 둘러 보는데, 나이 스물이나 되어 보이는 한 청년이 소아마비로 휠체어에 앉아 있었다.
　마침 소변이 마려운지 '어머니'를 연신 불러대었다.
　주인인 듯한 나이 예순 정도되어 보이는 보살이 뛰어나와 소변기를 갖다 대는데 그 틈에 전화가 왔다.
　보살이 전화를 받아서는 조금 듣더니 정신없이 뇌까렸다.
　"그래! 올해 니 남편 죽는다. 빨리 방색(防塞)해야 된다. 언제든지 백만 원 들고 오너라. 내가 막아줄 테니. 빠를수록 좋다. 지금 난 사고는 아무것도 아니다."
　나는 슬그머니 그 옆에 서서 이야기를 붙였다.
　"보살님, 주인이신가 보지요. 꽤 뭘 잘 보시는 것 같습니다."

보살은 아주 반가운 듯
"그래 보입니까?"
하며 좋아했다. 나는 어이가 없어 '허허' 웃고 말았다.
보살은 머뭇머뭇 하더니 소변기를 치우고 청년의 옷을 추스려 주고는
"스님, 저는 이 막내아들이 큰 골병입니다. 제가 무슨 죄가 많아서 이 고통을 당하고 있습니까? 딴 사람 일은 해결해 주면서도 제 일은 해결을 못하겠습니다. 스님 이게 누구 죄입니까?"
"보살이 낳았으니 보살이 현재 갖고 있는 고통만큼은 보살의 몫입니다. 청년 몫은 청년 몫대로 따로 있습니다."
"스님, 그러면 어떻게 해야 죄가 조금 적어지겠습니까?"
보살은 직설적으로 말해주는 내 말에 속이 시원한 모양이었다.
"보살은 이 절을 그만 두셔야 합니다."
깜짝 놀라면서 신세타령을 했다.
"스님, 당장 먹고 살 길이 없어서 그렇습니다……. 이 애 낳기 전에 점을 칠 때는 신이 가르쳐 주었지만 사실 요즘은 넘겨짚기로 하고 있습니다. 영감쟁이는 술만 처먹고 놀고 있지요, 애들 공부는 시켜야지요, 별 뾰족한 수가 없습니다."

"조계종 스님이 계시지도 않는데 조계종 선학원 간판은 어떻게 달았습니까?"

"예, 처음엔 모르고 세금 문제로 선학원에 등록했지요. 그런데 제가 죽고 그 다음 대 이후는 뺏긴다고 해서 다시 선학원에서 파내어서 다른 종단에 등록했습니다. 조계종 간판이 아니면 사람이 안올 것 같아서 그냥 붙여 놓았습니다."

제법 이야기가 재미있어지는데, 사람들이 한마당 들어섰다. 보살은 자기 아들, 딸, 며느리, 손주라고 말하면서 오늘 제사가 있어서 왔단다.

자리를 피해 주려고 돌아서 나오는데, 아들이고 며느리고 간에 합장하고 인사하는 자가 없었다. 그들은 스님들도 자기 어머니와 다를 바가 없다고 생각하는 태도였다.

내심 좀 불쾌했지만 하룻밤 신세를 지게 되었으니 제사지낼 때 염불이나 해드리자 마음을 먹었다.

밤 열시가 되었는데도 법당에 준비가 없는 것 같아 어슬렁어슬렁 부엌 쪽으로 갔다. 그런데 이미 자기가 기거하고 있는 방 안에서 막 제사를 완료했다. 절의 제사는 부처님 경전을 독경하는 염불이 정통인데, 어느 나라 법인지는 몰라도 절 안에 살면서 이 따위로 제사를 모시는 데는 어안이 벙벙했다.

제물도 기가 막혔다. 통닭, 고기 산적, 생선 등 육류가

푸짐했다.

나는 문 바깥에 서서 크게 소리를 질러 버렸다.

"부처님 팔아서 먹고 사는 사람들이 잘 합니다!"

그들이 나의 크게 화난 모습을 보고 어리둥절해 했다. 남의 살림에 저 사람이 왜 저러는가 싶은지, 도리어 이상한 얼굴로 나를 쳐다보았다.

"여기는 절이요. 최소한의 양심은 있어야 할 게 아니요! 부처님께서 당신 가족들한테 그렇게 간곡한 부탁을 하고 힌트를 내리는데 아직 그 눈치를 못 채었소? 세상은 인과응보의 질서가 존재하는 법이오."

나는 마구 나오는 대로 퍼붓고는 걸망을 지고 나와버렸다.

종교를 생활의 수단으로 이용하며 살아가는 사람들이 참 가증스럽기까지 하였다.

小見狐疑　좁은 견해로 여우같은 의심을 내어
轉急轉遲　서둘수록 더욱 더디어지도다.

교육 불사

일본 사람들은 대부분 불교를 신봉한다.

일본은 도시 한 가운데 대사찰이 들어서 있으며, 그곳이 바로 삶의 휴식터이기도 하다. 그리고 모든 길·흉사는 사찰 중심으로 이루어진다. 특히, 돌아가신 조상은 대대로 꼭 절에 모셔놓고 그 후손들이 찾아뵙는다.

뿐만 아니라, 각 사찰은 독자적인 학교를 운영하고 있으며, 각 대학마다 불교학과가 없는 곳이 없다. 우리나라는 200년 밖에 안된 기독교가 전체 종교인구의 절반을 차지할 만큼 대단한 교세를 가지고 있지만, 일본의 기독교는 500년 역사를 가지고도 전체 인구의 1~2% 수준을 넘지 못한다.

혹자는 우리나라 사람들이 너무 쉽게 변절을 하고 줏대없는 민족이라고 스스로 비하하기도 하지만 종교에 있어서 만큼은 우리 불교가 제 역할을 못한데도 큰 이유가 있다.

물론 우리나라의 불교는 최근 비운의 역사를 짊어지

고 왔었다. 조선의 500년 억불정책과 격변하는 구한말 당시의 세계사적 흐름에 우리 국가가 만신창이가 될 때 함께 큰 희생을 당했다. 해방 후에는 미국의 앞잡이로 있었던 이승만 정권이, 미국의 선교 정책에 편승하여 모든 구호물품을 교회를 통해 나누어 주는 작태를 벌일 때, 불교는 하늘만 쳐다보는 신세가 됐었다.

빵과 주사약을 앞세우며 막강한 재력을 소유한 선교사가 들어와 전 한반도를 기독교화 하기 불과 얼마되지 않아 이 강토에는 기독교 재단 대학만도 무인가를 합해 250개를 헤아리게 되었다.

불교는 어떠했는가?

이 모든 주변 상황이 불교를 힘들게 하는 것은 틀림없었지만 스스로 깃발을 치켜드는 능동적인 자세가 없었다. 불교는 이제 겨우, 인가가 난 대학 3개를 보유하고 있을 뿐이다. 그외 불교학과가 설치되어 있는 일반대학 또한 전무하다.

사람은 교육으로 다듬어지고 길들여진다. 특히 종교에 있어서 체계적인 교육이 없으면 자칫 저속하기 쉽고 맹목적이기 쉽다. 현재 한국에 있어서 불교가 침체의 늪에서 벗어나지 못하는 것은 교육부재(敎育不在)이다.

지금 우리의 가장 시급한 불사는 교육 불사이다.

모든 사찰에서 불교대학을 개설하고, 돈 많은 시주자들은 이런 교육불사에 투자하는 것을 주저해서는 안된다.

　복도 바르게 짓는 방법이 있다.

　복도 최상으로 짓는 방법이 있다.

　한국(영남)불교대학 大관음사가 소재하고 있는 대구 남구청 관할에는 10개가 넘는 기독교 계통의 중·고등학교가 등록되어 있다.

　남의 종교지만 그들을 칭찬하고 싶다.

執之失度	집착하면 법도를 잃음이라
必入邪路	반드시 삿된 길로 들어가리라.

연꽃 같은 삶

나는 연꽃을 무척 좋아한다. 일전에도 가까운 거리에 연꽃이 피었다는 소식을 듣고 바쁜 시간을 내어 다녀온 적이 있다.

여름의 마지막 따가운 햇살을 받으며 소담스럽게 핀 꽃들이 수백 평 넓은 연못을 가득 채우고 있었다.

더욱 친하고 싶은 마음으로 연못 안에 들어갔다.

겉으로 보기와는 달리 물에서 심한 악취가 진동했다. 잡초를 헤치면서 아래를 살펴보니 별의별 것이 다 있었다. 깨어진 TV, 폐타이어, 헌 냉장고 등 온갖 잡동사니들이 썩은 채로 물에 처박혀 있었다. 발이 검은 흙탕물로 범벅이 되어 버렸다. 팔다리, 목덜미가 하도 따끔거려 살펴보니 수십 마리의 모기가 새까맣게 붙어 있었다. 물이 더러우니 모기가 서식하기 딱 좋은 곳이다.

그 지저분한 물에도 아랑곳하지 않고 고고한 자태를 드러내고 있는 연꽃들을 보며 나는 새삼 어느 한 신도를 생각했다. 그리고 며칠 후에 그 집을 방문했다.

그날도 그 신도는 중풍이 든 시아버지를 간호하고 있었다. 시아버지가 치매현상까지 와서 자기 대변으로 장난을 치며 고래고래 고함을 질러대는데도 그 신도는 아주 편안한 얼굴로 대했다.

주변의 사람들은 하나같이 기구한 팔자라고 혀를 찼다. 그도 그럴 것이 자기가 고집해서 결혼을 한 남자는 앞 못보는 장님이었으며, 얼마 전에는 시숙이 죽자 말썽꾸러기인 조카들까지 모두 떠맡은 것이다. 그런데 더욱 힘드는 일은 시누이들이란 사람들이 아버지 죽을 날만 기다리며 몇 푼 되지 않는 재산에 눈독을 들이는 모양이다. 명절이 되어도 한 번 들여다 보지 않으면서.

그 어려움 속에서도 늘 평온한 얼굴을 잃지 않는 그 모습은 진창에 핀 한 송이 연꽃이다. 연꽃은 그렇다. 진흙탕물이 깊고 더러울수록 그 꽃은 오히려 크고 탐스럽다.

인간사도 마찬가지다. 주위의 허영에 물들지 않고 자기의 청정한 본래 모습, 본래 밝은 그 마음을 지키면서 살아가는 사람들이 있기 때문에 이 세상은 살만한 곳이다. 억지로 큰 이름을 구하지 않는데도 다른 이들이 그를 보고 부처님, 살아있는 부처님이라 부른다.

교 육

불교 중흥의 열쇠는 출가자(出家者), 즉 스님들의 자질에 있다.

현재 먼저 수계를 하고 후에 교육시키는 제도를 과감하게 고쳐야 한다. 즉, 먼저 교육을 충분히 시킨 후 나중에 수계를 해주어야 한다. 1년 과정, 심지어는 6개월만에 수계를 해주니 그 짧은 기간에 기본 소양이 갖추어질 리가 없는 것이다. 적어도 4년 내지 6년의 단계적인 스파르타식 교육이 있은 후에 승려증을 주어야 한다. 만일 지금과 같은 자유분방한 승려 교육이 계속 된다면 한국 불교의 발전은 기대하기 힘든다.

인재 양성에 과감한 투자가 필요하다. 지금 우리 불교 분위기는 공부를 하고 싶어하는 사람이 있어도, 밀어줄 돈은 없으니까 너 스스로 알아서 하라는 풍토다.

절에서 이루어지는 강원 교육은 그렇다고 하더라도 뜻이 있어서 대학에 진학하는 스님들의 학비 문제는 어떤 식으로든 해결되어야 한다.

우리들이 학교를 다닐 때도 이 부분이 제일 힘들었다. 거처하는 곳에서 학교까지는 교통비가 소요되고, 또 점심 식사비가 따로 있어야 했다. 그리고 책을 사 봐야하고 잡비도 조금 있어야 했다. 물론 등록금 내지는 육성회비가 마련돼야 했다.

학인(學人) 스님들은 공부에 전념하지 못하고 늘 돈 걱정부터 했다. 이의 해결을 위해서 크게 두 가지 방법을 찾았다.

첫째는 아는 절에 불공이나 재를 지내주고 조금씩 수고비를 받았다.

둘째는 아는 절에 청년 또는 청소년 법회에 설법을 해주고 그 법사비를 받았다.

이 두 가지는 스님들의 아르바이트다. 만일 강의 시간과 겹치면 강의를 빼먹더라도 아르바이트는 꼭 해야 했다. 연고가 닿은 절도 성의가 없으면 그나마 끊어지기 때문이다.

나는 서울 북쪽 수유리에서 강남의 역삼까지 버스와 전철을 몇 번이고 갈아 타면서 청소년 법회에 뛰어다녔다. 그때는 포교의 재미보다 마지못해 다닌 경우였다. 법사비는 한 달에 5만원이었다. 교통비를 제하면 4만원도 채 안되었다. 자원봉사로 하는 대학법회도 있었기 때문에 늘 시간에 쫓겼다.

만원을 벌기 위해 그 뜨거운 여름날에도 땀을 뻘뻘 흘

리면서 왕복 서너 시간을 길거리에서 소비해야 했다.

내 스스로 공부하겠다고 나섰기 때문에 불평이 있을 수 없었다. 사실 책 몇 권 값도 안되는 아르바이트로는 점심 사먹기조차 힘들다. 그래서 구내식당 밥 값 500원 내지 1,000원을 아끼기 위해 도시락을 싸다니기도 하였다.

서울에서 공부하는 것 자체가 고행이며 수행이었다. 택시 타기는 엄두도 내기 힘들고, 늘 버스나 전철을 이용했는데 너무 복잡해서 옷고름이 터지는 것은 보통이었다. 여러 가지가 잘 맞지 않고 바쁘게 살다보니 피곤하기는 이루 말할 수 없었다. 앉아서 졸다가 버스, 전철의 정거장을 놓치기 일쑤였다.

환경이 열악할수록 공부에 대한 열의는 오히려 더했지만, 4~5년 부딪치고 나니 만사가 싫어졌다.

나는 과거의 소중한 경험을 바탕으로 스님들을 키운다는 대명제 아래 꼭 장학 재단을 만들어 보고 싶다.

우리는 천 개의 그물코보다 한 개의 튼튼한 벼리가 소중하다. 신도 자질도 중요하지만 그보다도 스님들의 자질이 더욱 중요하다.

스님들이 중하면 불교도 중해지고, 스님들의 가치가 없어지면 불교의 가치도 없어진다.(僧重卽 法重 僧輕卽 法輕)

만일 스님들의 체계적 교육이 바르게 정착된다면 불

교의 앞날은 밝을 것이다. 그리고 한가지 더 부언하고 싶은 것은 승려의 양성, 배출에 있어서 만큼은 조계종에 국한해서 안된다. 외부에 비치기에는 조계종과 조계종 외의 여타 종파와는 크게 다를 바가 없기 때문이다. 불교종단 협의회에서 단일 승려증 발급을 하루빨리 제도화 해야한다. 그러기 위해 통합교육이 선행되어야 한다.

돈 10만원만 주면 승려증을 당장에 내어 주는 사이비 종단도 있는 판국이니 우리 신도들은 어디에 의지해야 하겠는가.

절에 입문하는 사람들은 가능하면 이름있는 종단을 찾기를 바라고 사이비라는 냄새가 나면 바로 발을 빼야 한다. 그렇지 않으면 시간만 허비하고 몸까지 망친다.

요즘 정통 불교 주변에는 가짜 불교가 판을 치고 있다. 그리고 정통불교에 기생하는 불교 단체도 수두룩하다.

밥 벌어먹기 위해 운영하는 보살절이나 무당절은 빨리 정리돼야 한다.

이 모든 불합리한 불교의 나쁜 부분을 일시에 청산하는 유일한 대안은 스님들의 자질을 높이는 일이다. 그러기 위해 종단에서는 교육에 투자하는 돈을 아끼지 말아야 한다.

역할만 다를 뿐,
다 주인입니다.

유언 / 미시 보살 / 고마움 / 마지막 소원 / 묻지 않고 사는 사람들
강원 / 지금 당장이나 / 친구 / 건강보다 중요한 것 / 삶의 자각
여자때문에 / 여자 예찬 / 생일 / 잉꼬부부 / 굴레 / 바른 전화 예절

유 언

가야 할 밤길은 너무 멀기도 멀고……

바닷가 작은 절에 들렀다.
구황사.
달랑 집 한 채였지만 산세가 온화하고 탁 트인 전망이 시원스러워있다. 마침 노스님이 한 분 계셨는데 많이 편찮으신 것 같았다.
일어나시지도 못하고 누워서 겨우 말씀을 하시며 반기셨다.
"많이 기다렸어."
옆에서 간호하던 공양주 보살이 노스님을 대신해서 많은 말씀을 해주셨다.
스님께서는 어린 나이에 어느 큰절에 출가하셨는데, 젊은 시절 한 스승 밑에서 경전도 많이 보시고 참선 정진도 게을리하지 않으셨다.
그리고 당시 관례에 따라 아무 생각없이 결혼을 하셨

다. 그런데 그 상대가 지금의 공양주인 바로 자기란다.

그때는 일본풍의 불교가 주류를 이루었기 때문에 스님들도 장가들지 않으면 몸에 무슨 병이 있는가 할 정도로 스님들의 혼인이 일반화 되어 있었다. 사람들은 서로 스님 사위를 보려고 절집을 들락날락 했으며, 심지어는 중매쟁이를 중간에 넣어 노골적으로 접근하는 사람도 있었다고 한다.

요즘은 스님들이 결혼하면 큰 흠이 되지만 그때는 그것이 자랑이었다고 하니 '세상에 던져진 모든 것은 고정된 것이 없다'는 그 사실만이 고정된 것 같다.

아무튼 두 내외는 결혼 후 몇 년간 별 탈 없이 잘 살았다.

자식들도 있고 하여 그럭저럭 행복한 생활이었다.

그런데 비구(홀로 독신으로 사는 남자 스님), 대처(마누라가 있는 스님)의 분쟁이 이승만 대통령의 유시를 시발로 해서 스님은 고생길에 들어섰다.

기독교인이었고 철저한 미국의 지도 아래에 있었던 당시의 이승만 대통령이 불교를 정화한다는 명분으로 싸움을 붙인 것이다.

결국 스님과 공양주 보살은 큰절에서 쫓겨 나오게 되었고, 그 뒤로 여러 절을 전전하면서 온갖 설움을 견디며 아이들만을 바라보며 살아왔다.

겨우 어떻게 해서, 스님들도 결혼해야 한다는 인식이

보편화되어 있는 이곳 해변까지 온 것이다. 스님은 여기 오신 이후 후계자를 키우지 못해 늘 안타까워 하셨다고 한다.

스님은 며칠 전 유언을 하셨다.

"나는 다음 생에도 승려가 되어서 마음 공부도 하며 중생 제도를 하면서 살겠다. 그러니 수의는 꼭 내가 입던 승복 장삼을 입혀라. 장례는 며칠 후 어느 스님이 오실 테니 그분에게 말씀드리고, 나를 화장한 재는 산천에 뿌려 회향(廻向 : 돌려 줌)하도록 하라."

유언의 말씀을 털어 놓으시는 공양주 보살의 눈가에 이슬이 맺혔다.

"스님, 우리 이 양반은 이렇게 결혼한 것이 흠이 되어서 그렇지, 정말 스님답게 살아오셨습니다. 스님께서 우리 영감 장례를 치러 주셨으면 합니다."

노스님은 공양주의 이 말 끝에 나를 보더니 고개를 끄덕이셨다. 말없는 부탁이었다.

"알겠습니다."

나는 선뜻 허락을 했다. 스님은 나를 무척 기다리신 것이 분명했다.

사흘 후 스님은 조용히 열반에 드셨다. 나는 지극 정성으로 이렇게 축원(祝願)했다.

'육신은 오월의 봄기운 되셨다지만

스님의 본래 모습은 어디 계십니까?

원력의 보살이 되어 꼭 다시 오시어
서녘하늘에 걸린듯한 한국 불교를
동쪽 하늘의 해로 돌려 놓으소서.'

승복을 수의 삼아 입고 가신 스님께서는 영롱한 유백색의 사리 2과를 남기셨다.

장례가 끝난 후, 유족들은 나의 배려에 보답한다는 뜻으로 구황사를 맡아 달라고 간청하였지만, 그럴 시기가 아닌 것 같아 미련없이 떠났다.

放之自然　놓아 버리면 자연히 본래로 되어
體無去住　본체는 가거나 머무름이 없도다.

미시 보살

뜻이 잘 통하는 미시 보살(미스 같은 미세스 신도)들이 모였다. 그 중 한 명이
"스님은 장가 안가고 싶어요?"
하고 물었다. 그래서 내가
"그럼, 장가 가서 여자하고 살아 볼까?"
하고 능청을 떨었더니 미시 보살들이 갑자기 눈에 불을 켜고 안절부절 하였다.
"어떤 여자인지 모르지만 그 여자는 우리한테 머리카락 다 뽑힐 겁니다."
"미시 보살들 무서워서 이생에서 장가 가기는 다 틀렸군. 누구 약올리는 것도 아니고 묻기는 왜 묻는고."
"깔깔깔……."

인간 심리는 참 묘하다.
나도 젊었을 때는 절에 잘 나오던 아가씨들이 '시집을 가야겠다.'고 말하면 그저 싫었다.

세상은 음양(陰陽)이 조화를 이루고 있어서 재미있다.

任性合道   자성에 맡기면 도에 합하여
逍遙絶惱   소요하여 번뇌가 끊기어지리라.

고마움

대구 상인동 가스 폭발 사고.
어른들의 실수로 수많은 꽃다운 학생들이 숨져갔다.
과보(果報)라고 하기에는 너무 참담한…….

고요한 평일 아침이었지만 예감이 좋지 않았다.
그러더니…
온 시민은 어안이 벙벙하였다.
대구시 전체가 큰 슬픔에 빠졌다.
병원마다 대성통곡!
집집마다 눈물바다였다.

15세 한 소년이 삭막한 영안실을 지키고 있었다.
가눌 길 없는 비애를 온 몸으로 느끼며,
세상은 참 모질다는 생각을 했다.
어머님을 잃은 눈물 머금은 눈동자.
나는 억지로 감정을 속으로 삭이며

말없이 그의 등을 토닥거려 주었다.
"스님, 괜찮아요. 그간 어머니가 계셔서 행복했어요. 15년간이나 어머니와 함께 살도록 은혜를 베풀어 주신 부처님께 감사드립니다."

소년은 무척 대견스러웠다.
그의 어머니 사진이 놓여져 있었다.
사진으로나마 처음 만난 분, 그 고마운 사람.

繫念乖眞　생각에 얽매이면 참됨에 어긋나서
昏沈不好　혼침함도 좋지 않느니라.

마지막 소원

노스님의 임종을 직전에 두고 여자 신도 몇몇이 모였다.

노스님의 마지막 말씀을 차마 거역할 수 없었기 때문이다.

마지막 말씀이 도대체 무엇이었을까?

'그것이 소원이라는데…….'

그 소원은 여자 몸을 한 번만이라도 보는 것이었다.

노스님은 잡지도 안보셨나 보다. 영화도 안보셨나 보다.

미스 코리아 선발하듯 '미시'에 해당하는 젊은 신도가 뽑혔다.

세상에 나와있는 그 어떤 말과 언어로도 거룩한 그 분위기를 표현하기 힘들 것이다.

단지 억만 분의 일이라도 표현할 말이 있다면 서로간의 '신뢰와 믿음' 그뿐이다.

뽑힌 신도가 깨끗이 목욕을 하고 향수를 발랐다.

영화 촬영하듯 각본대로 노스님 앞에 섰다.

감미로운 빛이 방 안을 가득 채웠다. 멀찌감치 누우신 채로 찬찬히 훑어 보시던 노스님은

"별것 아니구먼."

하고 싱겁게 내뱉았다.

맹물에 삶은 조약돌 맛 같은 육보시(肉布施)를 대접 받으시고 스님은 얼마 후 열반에 드셨다.

며칠 전, 가까운 절에 계신 선배 스님이, 최근에 자기 절에서 있었던 일이라며 해준 이야기다.

不好勞神　　좋지 않으면 신기를 괴롭히거늘
何用疎親　　어찌 성기고 친함을 쓸 건가.

묻지 않고 사는 사람들

어디 나가신다는 말씀도 없으셨는데 방장 스님이 보이시질 않는다. 혹시나 하는 생각으로 세면장 문을 열어 보니 스님께서는 빨래를 하고 계신다.
"스님, 저희들한테 시키시지요."
"아니다. 내가 아직 근력이 있는데 뭘 이런 걸 다."

보광전(통도사 선방)에서 상(床)공양을 하실 때다.
상에다가 된장찌개랑 국, 여러 반찬들을 올려드리면 스님께서는 늘 반찬 가짓수를 줄이라고 하신다. 아예 반찬을 두세 가지만 드신다.
일단 젓가락이 한 번이라도 간 반찬은 다 드신다. 된장 찌개도 드시면 다 드시지 반쯤 남기시지 않는다. 밥도 다 못드실 만하면 미리 딴 그릇에 덜어 놓으신다. 상이 물려지면 부엌(후원)에 있는 대중들이 먹을 것을 생각해서 배려해 주시는 것이다. 이처럼 늘 스님께서는 일하는 사람까지 깊이 이해하신다.

방장 스님 방에 들락날락 하다가 원주 스님께 들켰다. 스님은 행자 신분으로 방장 스님 방에 허락없이 들어가면 안된다고 경고하신다. 그런데도 나는 뭣이 그리 궁금한 것이 많은지 묻지 않고는 견디지 못한다. 나는 꾀를 내서 새벽 예불 끝에 살며시 들어가서 여쭈었다. 스님은 말씀 끝에

"궁금한 게 있으면 언제든지 와요."

하고 격려해 주신다.

그저께는 이렇게 말씀하셨다.

"요즘은 통 묻는 사람이 없어요. 묻지 않고 사는 사람들 보면 참 용해요."

스님은 행자라도 함부로 대하지 않으신다. 함부로 하대하지도 않으신다.

欲趣一乘　일승으로 나아가고자 하거든
勿惡六塵　육진을 미워하지 말라.

강원

강원(講院).

요즘은 강원을 승가대학(僧伽大學)이라고도 한다.

공부과목으로 보아서 대학원 이상의 고급 커리큘럼을 가지고 있는 최고급 교육 기관이다.

전부가 빽빽한 한문으로 된 교재도 그렇거니와 그 내용에 있어서도 여러 분야이 불교 학문 중에서 주로 선(禪)적인 전문 교학체계가 그렇다.

공부 방법에 있어서도 적은 분량으로 심도있게 분석하고 독경하며 외우게 되므로 더이상 치밀한 학습 방법이 있을 수 없다.

하루 두세 줄의 글을 외우는 일이 별것 아닌 것 같은데도 실지로 해보면 전혀 그렇지 않다.

예불하랴, 울력하랴 바쁜 와중에 시간을 내기도 힘들거니와 한문도 결국은 외국어 영역이기 때문이다.

전국에 20개 내외의 비구·비구니 강원이 있는데, 강사의 자질과 사찰의 관심 여하에 따라 운집하는 대중의

숫자가 다르다.

한편, 교육 분위기가 산만하고 자유로우면 민주적이어서 좋을 것 같지만 그렇지 않은 것이 현실이다.

엄한 규율 속에서 상하반의 질서가 잘 지켜지는 강원일수록 탄탄한 경우를 본다.

죽비로 가끔씩 얻어터지고 경책이 가해지지 않으면 금방 나태해져서 공부에 싫증이 나기 마련이다.

공부가 느슨할수록 그 강원을 떠나가는 일이 많으며 일부러 생활하기 힘든 강원을 찾아서 모여들기도 한다.

그리고 공부에 있어서는 도반의 힘이 중요하다.

도반을 잘못 만나면 늘 시비거리에 휘말리게 된다.

저녁 시간에 괜스레 마을에 따라 내려갔다가 발각되면 같이 벌을 받거나 쫓겨나기도 한다.

강원에는 나름대로 학인(學人 : 공부하는 사람)스님들의 독특한 규율 체계가 있는데, 그중에서 기강을 바로잡는 최고 책임자는 입승(立繩)이다. 세속의 학생회장격에 해당한다고 볼 수 있다.

그리고 각 반에는 반장이 있으며, 입승을 보좌하고 상, 하반의 다리 역할을 하는 찰중(察衆)이라는 중요한 소임도 있다.

아무튼 강원은 우리 전통 승가교육의 핵심 역할을 하는 중요한 기관이라 할 수 있다.

지금 당장이나

새벽에 일어나서 예불하고 간경(看經 : 경을 봄) 한다.
강원에서 경 읽는 소리가 나지 않으면 어른 스님들은 나무라신다.
작은 책상 앞에 앉아서 그날 배울 것과 이미 배운 조사어록이나 경전을 읽노라면 저절로 신명이 난다. 옛 어른들께서는 어떻게 이렇게 옳은 이야기만 해놓으셨을까! 다 나를 위해 말씀하신 것 같아 때로는 너무 감사하고 고마울 때가 있다.
"절이 이런 곳인 줄 알았다면 더 일찍 출가하는 건데."
하고 옆자리의 나이 50세 된 늦깎이 도반 스님한테 한마디 하였다.
너무 늦게 출가한 사람을 늦깎이라고 하는데 보통 나이 서른이 넘어 출가하면 그렇게 불린다. 그렇지만 나이에 관계없이 함께 수학(修學)하면 다 도반이 된다.
늦깎이 도반 스님이 한숨을 내쉬면서

"그래, 맞는 말이요. 그것이 한이지. 그렇지만 스님은 내 앞에서 그런 말 하지 마시오."

하며 갑자기 신세 한탄을 늘어 놓았다. 괜한 소리를 했나 싶었다.

사람의 욕심은 출가해서도 끝이 없다. 50대 출가자는 마흔만 되었더라도 하고, 40대 출가자는 서른만 되었더라도 하고, 20대 출가자는 10대에 출가했더라면 하고 미련을 가진다.

큰스님들은 늘 그런 것을 나무라신다.

"다 쓸데없는 생각들이니 지금 당장이나 열심히 해!"

물론 책 속에서 늘 대하는 말씀이지만 직접 한마디 이렇게 야단을 맞고 나면 온몸으로 선지식(善知識 : 올바르게 지도해 주는 이)의 법력(法力)이 느껴진다.

그래서 우리에게는 직접 지도해 주는 눈밝은 스승이 필요한 것이다.

六塵不惡　육진을 미워하지 않으면
還同正覺　도리어 정각과 동일함이라.

친 구

친구는 참 중요하다.

어울리는 친구를 보면 그 사람을 직접 보지 않고도 어느 정도 감을 잡을 수 있다. 노름을 좋아하는 친구들이 주위에 많으면 그도 노름을 하겠지, 당구를 좋아하는 친구들이 주위에 많으면 그도 당구를 치겠지, 며느리 욕을 하는 친구들이 주위에 많으면 그도 며느리 욕을 하겠지 하고 판단해도 별 오차가 생기지 않는다.

그런 사람끼리 모여들기도 하지만 자신도 모르게 거기에 젖어드는 수도 많다.

친구들의 입이 비리하고 거칠면 자기도 그냥 그렇게 되어 버린다. 반대로 친구들이 매너가 깨끗하고 교양이 있으면 자기도 그렇게 닮아가는 것이다.

종교 집단에 있어서도 서로 친구가 된 사람들을 보면 각 집단의 유형이 있게 마련인데, 사찰도 예외는 아니다.

보살 절(스님이 아닌 일반 여자들이 생계 유지를 위해

경영하는 절)에 다니는 사람들, 무당 절(굿이나 하고 점을 치는 무당이 경영하는 절)에 다니는 사람들, 일반 절(기도 · 참선 · 불교 교리를 가르치는 보통의 절)에 다니는 사람들이 각각 그 성격이 다르다. 꼭 그런 사람들은 그런 사람들끼리 모이게 되어있다.

보살 절의 신도들은 남의 허물을 들먹거리기 좋아하고, 절에 가서 대우 받기를 바라며 생색내기를 잘한다.

그리고 무당 절의 신도들은 운명에 최면이 걸린 듯하여 무엇이든지 불안하게 생각한다. 절과 무속을 분간하지 못해서 스님들을 만나도 점을 쳐달라고 졸라댄다.

한편 일반 절의 신도들은 잘 되지 않더라도 늘 정법(正法)대로 살려고 노력하며 그 정법의 분명한 기준을 알고 있다. 봉사정신이 많으며 개인보다는 전체를 먼저 생각해서 늘 화합한다.

이 세 가지 유형을 살피건대 바른 부처님의 가피를 입기 위해서는 당연히 일반 절을 다녀야 한다.

일반 절 또한 여러 종류가 있을 수 있다.

그러므로 늘 기도 참선하며, 그리고 이웃을 위해 봉사하며 부처님의 가르침을 펴고 있는 곳인가를 잘 살펴야 한다.

절에서 만난 친구를 진리의 동반자라 하여 도반(道伴)이라고 하는데 이 도반이 좋아야 한다.

좋은 도반을 만나려면 내용이 훌륭한 절을 다녀야 한

다.

스님들이 출가해서 처음 배우는 초발심자경문의 가장 첫 대목에서, 불자들은 나쁜 벗을 멀리하고 착하고 어진 이를 가까이 해야 한다고 가르친다.

잘못된 도반을 만나면 오히려 성격이 탁해지고, 절이나 스님들의 허물만 보며 복을 짓기보다 오히려 죄만 짓는다.

반대로 좋은 도반을 만나면 인생의 절반은 성공한 셈이다. 사회가 모두 서로간의 이익을 추구하느라 아우성이지만, 적어도 절에서 만난 좋은 도반은 순수하다. 우리는 순수한 이 도반들의 모임을 통하여 영원한 행복의 세계, 니르바나(열반)로 나아가는 것이다.

智者無爲　지혜로운 이는 억지가 없거늘
愚人自縛　어리석은 사람은 스스로 얽매이도다.

건강보다 중요한 것

기도하면 일이 이루어진다.

그 일은 원하는 만큼만 이루어진다.

무궁무진한 것이 부처님의 재산이지만 중생들은 자기 그릇의 크기에 따라 받아가는 것이다.

합격을 바라면 합격을, 돈을 바라면 돈을, 성적을 바라면 성적을, 건강을 바라면 건강을, 성불(成佛)을 바라면 성불을…….

악착같이 공부를 시켜 아들을 과학고등학교에 입학시킨 어머니가 있다.

그 아들이 공부에 지쳐 쓰러져 병원에 누웠다. 한 번 방문하였더니 아들의 성격이 거칠고 까다로와 보였다. 퇴원 후 어머니가 절에 왔었다.

"스님, 제가 좀 어리석었습니다. 성적은 아무것도 아니네요. 건강이 최고인 것 같으네요."

맞는 말이다.

그까짓 성적보다는 건강이 백천 배 중요하다.

"보살님, 건강보다 더 중요한 것이 있습니다."
"……"
"……"
"스님, 알겠습니다. 애들을 법회에 내보내겠습니다."

그 사랑스런 아이들과 영원히 함께 살아가려면 바른 인간을 만들어야 한다.
영원의 세계.
그곳을 우리는 망각하고 있다.
진리의 전당, 법회.
성적도 건강도 그 속에 모두 갖추어져 있다.

法無異法　법은 다른 법이 없거늘
妄自愛着　망령되이 스스로 애착함이라.

삶의 자각

　음식을 먹은 직후에 하는 정진은 참으로 힘들다.
　참선을 한답시고, 가부좌를 틀고 허리를 곧게 해서 벽을 바라보고 앉아있지만 불과 몇 분 되지않아 눈이 스르르 감긴다. 눈꺼풀이 서서히 처지면 처음에는 정신을 차려야겠다는 마음으로 눈을 번쩍 뜬다.
　그런데도 그 놈의 눈꺼풀은 점점 무게를 더해 가는데 나중에는 천근 만근보다 더 무겁다. 그 눈꺼풀의 무게 때문에 고개가 떨구어지고 어깨가 처진다.
　그리고 곧게 세웠던 허리가 구부러진다. 깊은 수렁 속으로 빠지는 것을 어느 정도 느끼면서도 자율 신경이 통제가 안된다.
　하도 답답하니 무릎을 꼬집고 혓바닥을 깨물며 별짓을 다 해보지만 수마(睡魔 : 잠을 마구니에 비유함)는 점점 유혹의 달콤한 노래를 부른다.
　버티기 위해 용을 쓰다 보면 너무 고통스럽다.
　드디어 침까지 흐른다. 침이 질질 흘러 발바닥까지 연

결이 된다. 그래도 세상 모르고 잔다.

 눈을 돌려 딴 사람들이 하고 있는 꼴을 보면 참으로 가관이다. 허리가 유연한 사람들은 아예 머리를 땅바닥에 대고 잔다. 코까지 드렁드렁 골아가면서 자는 수도 있다.

 용맹정진(勇猛精進) 때는 말할 것도 없다.

 용맹정진 기간에는 7일 또는 21일간 전혀 밤잠을 재우지 않고 불철주야로 정진시킨다. 그때는 잠깐 쉬는 틈에도 눈밭에 처박혀 자는 수가 있다. 시간이 되었는데도 사람이 보이지 않으면 혹시 얼어 죽을까봐 온 데를 다 뒤진다.

 용맹정진이 시작되고 3, 4일 지나면 걸어도 감각이 없어져서 발바닥과 땅과의 거리 조절이 되지 않는다. 햇빛을 보면 눈이 시리고 현기증이 난다. 그 기간에는 어른 스님들이 아예 음식을 적게 주지만 음식 맛도 없다.

 입선(入禪) 죽비가 쳐진 뒤, 정진시간에 졸다가는 장군 죽비(경책하기 위해 대나무로 깎은 법구)로 사정없이 얻어 맞는다. 그 상황에서도 잠이 쏟아질 때가 있다.

 우리는 인생의 $\frac{1}{3}$에서 $\frac{1}{4}$을 잠자는 연습을 한다. 아무 생각없이 잠만 자는 것은 의식을 죽이는 일이다.

 그 옛날 큰스님들은 잠을 자면서도 화두를 놓치지 말아야 한다고 가르치셨다.

 어떤 성현은 하루 세 번 깨어있으라고 하셨지만 부처

님께서는 한시도 깨어있지 않으면 안된다고 하셨다.

'깨어있음', 이것은 바로 '삶의 자각'이다.

늘 깨어있기 위하여 눈푸른 납자(衲子 : 누더기를 입은 수행자)는 몸을 던진다.

將心用心　생각을 가지고 생각을 쓰니
豈非大錯　어찌 크게 그릇됨이 아니랴.

여자 때문에

천태종 본산 '구인사'.
언젠가 상주 포교당 주지이신 법성 스님께서 하시던 말씀이 떠올랐다.
"조계종 스님들은 꼭 가봐야 한다."
30년만에 이룬 불사(佛事)의 현장은 그 규모로 보나 그 내용으로 보나 기적에 가까웠다.
서울과 부산 초읍동에 본산 규모의 사찰을 건립할 계획이라고 안내자가 말했다.
현대적이고 합리적인 운영, 재정의 중앙집권적 일원화, 공심(公心)에 바탕을 둔 스님들의 바른 사고방식, 이것이 오늘의 구인사를 창출해낸 것이다.
그분들이 열심히 하는 것에 대해 종파를 떠나서 고마움을 느낀다. 중생이 종파를 만들었지 부처님이야 어디 그런 것을 용납하겠는가?

단양 주차장에서 술에 만취한 한 남자를 만났다. 나이

는 오십오 세.

그는 나의 손을 잡고 다짜고짜 울어대었다.

"스님! 너무 젊어서 안타깝습니다. 스님이 된 것은 백 번 천 번 축하드릴 일이지만, 너무 젊으니 불쌍해서 견딜 수가 없습니다."

나는 끼고 있던 단주를 그의 손목에 채워주었다. 그러자 그는 비닐 봉지에 넣어 보물처럼 갖고 있던 우유 하나와 달걀 하나를 꺼내 주었다.

나는 그를 주차장 구석에 앉혔다. 그의 신세 타령이 파노라마처럼 전개되었다.

그는 20년 전 공무원이었다. 4·19 이전의 일이었다. 일류 대학을 졸업, 꽤 높은 관직에 있었는데 여자 문제 때문에 쫓겨났다.

그래도 정신을 차리지 못하고 도박에 뛰어들어 식구들 속을 뒤집어 놓았다.

그 후 가정은 산산이 부서지고 그 길로 외기러기 신세가 되었는데, 수 차례 스님이 되려고도 했지만 세상에 무슨 미련이 남아, 마음만 있었지 실행이 되지 않았단다.

그 후 여자 관계가 더욱 복잡해져서 조금 있던 재산을 다 뺏기고 말았다. 돈이 떨어지자 여자는 자연히 정리가 되었지만, 술을 과하게 마신 탓으로 속은 속대로 버리고 거리의 유랑자가 된 것이다.

그는 늦게나마 좀 철이 들어 부처님을 찾게 되었는데 '관세음보살'은 입버릇처럼 말하면서도 실지로 행동과 마음은 과거의 업력(業力)에 휘감겨 꼼짝을 못하고 있었다.

나는 이 남자를 보면서 세상 사람들이 다 비슷할 거라는 생각을 했다. 이성과 돈과 술, 그리고 노름판.

과욕을 부리면 스스로 밝은 눈을 잃고 미로의 구렁텅이로 빠져드는 것이다.

迷生寂亂　미혹하면 고요함과 어지러움이 생기고
悟無好惡　깨치면 좋음과 미움이 없나니라.

여자 예찬

열흘 이상 날씨가 흐렸다. 벽장문을 열 때마다 밀린 빨래가 눈에 거슬린다.

새벽 정진시간, 오랫만에 목탁새 소리가 들렸다.
똑 똑 똑 똑……
목탁새는 꼭 목탁소리를 낸다 해서 붙여진 이름이다.
어느 산이나 다 있다.

아침 하늘이 오랫만에 훤했다.
반가왔다.
아침 공양을 마치자마자 빨래감을 풀어헤쳤다. 비누로 몇 십분 손빨래를 하고나니 가벼운 운동이나 한듯 몸이 가볍다. 젖은 옷감들을 줄에 죽 늘어놓는 재미도 좋다. 애가 쓰여 자꾸 돌아다 본다.
참 상쾌하고 기분이 개운해서 좋다. 이런 시간이 많았으면…….

여자들은 마음이 다 착하고 아름답다. 그들의 뺨, 고운 살결처럼.

작은 일에도 기뻐하는 그 섬세함 때문일 것이다.

빨래하고, 밥 짓고, 청소하고…….

그 작은 일은 이미 작은 일이 아니다. 우주적인 일을 하고 있는 것이다.

여자들의 웃고 있는 모습을 보고 있으면 세상 남자들은 마음 설렌다.

빨래를 많이 하는 여자들이라서 그럴까!

一切二邊　　모든 상대적인 두 견해는
良由斟酌　　자못 짐작하기 때문이로다.

생일

　대중 처소(많은 스님들이 모여사는 곳)에서 살다 보면 자기 생일이라고 대중 공양을 내는 수가 더러 있다.
　생색을 내기보다는 부모님 은혜를 생각하고, 더 열심히 수행하려는 마음의 다짐이기도 한 것이다.
　"○○스님이 생일을 맞아 대중 공양을 내겠습니다" 하고 소임자가 발표를 하면 "성불(成佛:부처를 이룸)하십시오" 하고 전체 대중이 축원을 해주는 것이다.
　가끔 보면 생일을 거창하고 요란하게 하는 스님들도 있지만, 사실 절에서 생일을 차리는 것은 법도에 맞지 않는 일이다.
　현재 월하 종정예하께서는 세수 일흔 이전에는 다른 이들이 생일 날짜를 모를 정도였다. 혹시 알고 찾아오는 사람이 있을까봐서 스님께서는 차라리 그날은 어디 가시고 나타나시지 않으셨다.
　그러니 다른 스님들은 감히 생일을 찾아 먹을 엄두를 못내는 것이다. 생일이 지나갔는지 어쨌는지 모르고 지내는 수가 더 많다.

어느 노스님한테 한 번은 여쭈어 보았다.

"노스님은 생일을 찾아 드십니까?"

"중이 무슨 생일이 있어! 중은 크게 깨닫는 날이 생일이야. 이까짓 육체가 태어나면 뭘해. 정신이 새롭게 태어나야지."

어린이 법회 시간에서는, 그 달에 생일인 어린이들을 위해 매월 첫째 주 일요일에 먹을 것도 장만하고 작은 선물도 준다.

생일이라고 해서 좋아하는 얼굴들을 보면 참 새롭다.

우리 교사들과 '어린이 법회 후원회' 신도들이 이 생일 법회에 신경쓰는 것을 보면 생일이 중요하기는 중요한 것 같다.

夢幻空華　　꿈속의 허깨비와 헛꽃을
何勞把捉　　어찌 애써 잡으려 하는가.

잉꼬 부부

겨울의 일이다.

꽤 부자며 신교육을 받은 중년 부부의 집을 몇 번 방문한 적이 있다.

들를 때마다 꼭 식사 시간이었는데, '지금도 이럴 수가 있는가!' 할 사건이 매번 목격되었다.

부인은 남편과 절대 겸상을 하지 않았다.

남편은 비록 반찬은 많지 않았지만, 상을 차려서 그런대로 모양새를 갖춘 식사를 한다. 그러나 부인은 땅바닥에서 김치 한 가지만 놓고 식사를 한다.

나는 망설이다가 그 부인께

"상에 올려 놓고 같이 드시면 좋으실텐데 어째 그러세요?"

하고 물었다. 부인은 동문서답(東問西答)을 했다.

"딴 반찬은 먹지 않아요. 겨울에는 김치 척척 걸쳐 먹는 맛이 좋아요."

식사를 끝내고 마당에 잠시 나갔다 오던 남편이 마루

에 올라온 도둑고양이를 쫓으면서

"이 놈의 고양이가 이렇게 마루를 더럽혀 놓으니 닦는 사람은 얼마나 힘드노?"

하고 혼잣말로 중얼거렸다. 방 안에 있던 부인이

"쓸고 닦는 일이 여자 일인데 그것이 뭐 힘듭니까. 여자가 그것이 싫어서 되겠습니까."

하고 예사일로 받아 넘겼다.

전혀 비꼬는 말투가 아니고 평상심(平常心) 그대로 내놓는 속마음의 소리였다.

나는 이 부인의 언행이 흔히 말하는 남녀 평등이니 여권 신장이니 하는 입장에서, 옳으니 그르니 하는 시비 논쟁의 차원을 넘어서 있다는 것을 알 수 있었다.

마을에서는 이 두 부부를 '잉꼬 부부'라고 불렀다.

得失是非	얻고 잃음과 옳고 그름을
一時放却	일시에 놓아 버려라.

굴레

결혼한 지 2년이 안된 부부가 절에까지 와서 대판 싸우고 있었다. 속도를 위반해 가며 아기를 낳을 정도로 처음에는 서로가 좋았었다는데…….

그 사랑의 감정이 석 달을 채 못갔단다.

그 뒤 가정은 늘 전쟁터였지만 자식 때문에 할 수 없이 버티고 살아왔다. 주책없이, 남의 부부싸움에 끼어들어 뜯어말렸다.

예불 시간이 되어 바쁘게 부처님 앞에 서니 부처님이 너무 고마워 눈물이 핑돌았다.

'부처님, 저에게 결혼이란 굴레를 씌우지 않으시니 너무 감사합니다.'

眼若不睡　눈에 만약 졸음이 없으면
諸夢自除　모든 꿈 저절로 없어지리라.

바른 전화 예절

　코스모스의 한들거림이 참 보기좋은 계절, 가을이다. 이 계절에는 여느 때보다 더 많은 만남이 이루어지는 것 같다.
　스님들은 이즈음이면 여름 정진(하안거)을 끝내고 걸망 하나 달랑 둘러멘 채 정처없이 훌쩍 길을 떠난다. 이 산천 저 산천을 돌아다니며 낯선 사람들을 만나 세상을 이야기한다. 그 속에서 스스로의 삶을 반조해 간다.
　온종일 걷다보면 어제처럼 저녁이 다가오고 수행자는 인근 사찰을 찾게 된다. 법당에 계신 부처님께 정중히 인사를 드리고 곧바로 그 절의 주지 스님을 찾아 뵙는다.
　"객, 문안 드립니다."
　주지 스님은 얼른 두루마기를 챙겨 입고 객승을 맞아 들인다. 그리고 서로에게 큰절을 올린다. 처음 만난 사람들이지만 같이 식사하고 차도 마시면서 수행담이나 불사(佛事)이야기를 나눈다. 밤이 깊어지면 정해진 처소에서 잠이 든다.

이윽고 목탁소리가 새벽을 깨우면 객스님은 피곤이 덜 풀린 몸을 이끌고 법당으로 향한다. 개인은 전체 속에 있을 때 아름다울 수 있음을 알기 때문이다.

예불이 끝나면 주객이 하나 되어 도량을 깨끗이 소제하고 아침 공양을 든다. 그리고 작별 인사를 나눈다.

"잘 쉬었다 갑니다. 건강하십시오."

"불편하지 않으셨는지요. 정진 잘 하십시오."

스님은 모든 분들께 감사드리며 다시 만행의 길에 오른다. 이것이 바로 사찰의 전통적인 인사다.

비단 불교뿐만 아니라 우리 선조들의 인사예법은 이렇듯 서로에 대한 따뜻한 배려가 숨어 있다.

그런데 요즘의 방문예절은 과거와 많은 차이가 있음을 느낀다. 특히 전화예의는 더 엉망이다. 전화를 건다는 것은 직접 방문과 다를 바 없다. 얼굴이 보이지 않으니 더 조심해야 함에도 자기 소개나 인사는 하지 않고 자기 이야기만 하다가 갑자기 뚝 끊는 수가 많다. 무의식중에 표현되는 자기 중심적인 이기심의 한 단면이다.

객승의 발 끝에 채이는 풀잎 하나에도 온 우주의 진리가 들어있듯, 무심코 하는 전화 한 통화에도 그 사람의 전인격이 들어있음을 본다.

心若不異　마음이 다르지 않으면
萬法一如　만법이 한결 같느니라.

늘 기도하고
늘 선행을 베풀자.

성질 급한 사람들 / 왕대밭 / 어머니 / 사람에 의지하지 마라 / 선배 / 스트립쇼
실수 / 큰스님 / 교훈 / 시줏돈 / 목적과 수단 / 몸과 마음은 하나다 / 조심
사지도 멀쩡한데 / 소신 / 인간의 처음과 끝 / 진아 보살의 경험 / 중생 제도
장애인 / 신도 회장 / 여자들의 성격 / 대역 / 주인공

성질 급한 사람들

꼭 일주일후면 국회의원을 뽑는 선거일이다.

입후보자들은 사람들이 모이는 곳이면 어디든지 찾아 나선다. 요즘 우리 한국(영남)불교대학에도 이 입후보자들의 출입이 무척 잦다. 그렇지만 실질 운영권자인 나는 함부로 마이크를 내어주지 않는다.

자칫 잘못하면 불교대학의 법당이 유세장화 되어 엉망진창이 될 가능성도 있기 때문이다. 그러면서도 불교대학 신도(학생)에 대해서는 동문(同門)의 특혜를 부여하여 연설할 수 있도록 배려한다. 이런 사정을 알고 어느 후보자가 정색을 하고 말했다.

"스님, 지금 입학하면 안되겠습니까!?"

밭 갈고 씨뿌리는 일없이 바로 수확할 수 있는 비결이 세상에는 더러 있는 모양이다.

왕대밭

 '교도소 통일 법요집'을 발간하기로 마음을 냈다.
 군에서는 육·해·공군이 공통으로 쓸 수 있는 '군 법요집'이 잘 나와 있지만 교도소는 법요집 자체가 없다.
 불교종단 협의회에서나 교화 협의회 또는 조계종 포교원에서 이 일을 해주면 좋으련만 딴 바쁜 일이 많은 모양이다.
 나는 재원 마련을 위해 '선서화전'을 개최하기로 하고 서울의 칠보사에 주석하시는 석주 큰스님을 찾아뵈었다.
 스님께서는 참 바쁘셨다.
 '개혁회의' 의장을 맡으시어 세수 아흔의 노령에도 불구하고 여러 가지로 신경쓰시는 일이 많으셨다.
 스님은 젊은 사람을 친절하게 맞아주셨다. 아무 격의 없이, 통일법요집에 대한 조언까지 해주시면서 선배들이 해내지 못해 미안하다는 말씀까지 하셨다. 나는 스님의 자상하고 천진스런 모습을 뵈면서 큰 어른은 다르구

나 하는 것을 가슴 깊이 또 느꼈다.

나는 후일 찾아뵙기로 하고 물러나왔다. 물러나오면서 약값이라도 드리려고 했더니 스님은 한사코 거절하시면서 불사에 보태 쓰라는 간곡한 말씀을 하셨다. 돌아와서 보름쯤 지났을까.

큰스님께서 직접 겉봉투에 주소를 쓰신 당신의 작품을 보내 오셨다. 앉아서 스님의 글을 받는다는 것이 여간 송구스럽지 않았다.

다행한 일이 생겼다.

작품의 몇 장에 스님의 낙관이 없었다. 찾아뵐 수 있는 기회가 된 것이다. 8월 중순의 여름날에 다시 칠보사를 들렀다. 스님께서는 작품에 낙관이 없는 것을 보시고는 웃으시면서

"이제 나이가 많아서 정신이 없구나."

하셨다. 스님께서는 빠진 글 몇 자를 적어 주시면서 아울러 직접 낙관을 찍으셨다. 스님의 온몸에는 땀이 줄줄 흘러내렸다. 미안해서 어쩔 줄 모르는 나를 보고 스님은

"젊은 수좌. 바쁠 텐데 이렇게 더운 날에 두 번 걸음 시켜서 미안하네."

하고 도리어 위로해 주셨다.

나는 큰스님께 인사를 드리고 나와 칠보사 뜨락에 한참 앉아 있었다. 스님이 손수 가꾸신 칠보사는 너무 평

온하고 다정하게 느껴졌다.

스님은 일찍이 어린이 법회에 관심을 보이셔서 경전의 한글화 작업에 앞장서셨다. 절의 기둥에 걸린, 한글로 된 주련만 보아도 짐작이 간다.

한글 주련을 바라보고 있는데 부엌에 있는 보살님이 차담을 내오셨다.

"보살님, 저는 지나는 객이라 먹지 않아도 됩니다."

하고 사양하였더니 보살님은

"주객이 따로 있습니까? 조금 드세요."

하며 친절을 베푸셨다.

왕대밭에 왕대 난다더니, 큰스님 아래 대보살이 계심은 결코 우연이 아니다.

나는 속으로 기도했다.

'스님, 오래 머무시어 많은 중생에게 큰 가르침을 내리소서.'

一如體玄　　한결 같음은 본체가 현묘하여
兀爾忘緣　　올연히 인연을 잊느니라.

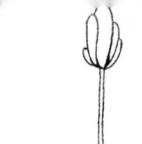

어머니

사람이 저승에 들어가면 염라대왕은 부지런히 이승의 생활기록부를 뒤져본다고 한다. 혹시 조그마한 선행(善行)이라도 기록되어 있으면 망자(亡者)가 생각하는 것보다 조금이라도 높은 점수를 주기 위하여…….

전설같은 얘기같지만 잘 새겨들을 필요도 있다. 이 인생학교에서 저 인생학교로 전학을 했을 뿐이지 사는데는 다 똑같은 곳이므로 저승에서 이루어지는 일도 비슷할 것이다.

사람은, 본인은 물론이거니와 자식이 불의의 사고로 죽어가는 순간에 혹시 이것이 자기의 죄 때문이 아닌가 생각한다. 그리고 착한 일을 한 적은 없는가 더듬게 된다.

좀 예민한 부모들은 자식이 약간만 비뚤게 나가도 이런 생각을 한다.

대형참사가 있었다.

한 아들이 생사의 기로에 서자 아버지는 그 급박한 순간에 자신의 선업(善業)을 생각했다고 한다. 내가 보아도, 그 아버지는 남을 괴롭힐 만한 일은 하지 않았지만 선업이라고 할 만한 행동도 한 적이 없었다. 그런데 아들은 기적처럼 살아났다. 그것은 어머니의 기도와 선행 덕분이었다.

그 어머니는 부처님이 가르쳐준대로 기도하며 남이 보기에는 바보스러운 짓에 가까울 정도로 봉사생활을 하는 보살이다.

어머니가 자식을 위해 간절히 두 손 모으고 합장하는 시간이 많으면 많을수록 그 자식은 훌륭하게 된다.

어머니가 자식을 위해 법당에 밝히는 등불이 꺼지지 않을 때 그 자식은 절대 잘못되지 않는다. 그리고 어머니의 남을 위한 선행의 공덕은 자식에게까지 영향을 주며 절대 헛되지 않는다.

보이지는 않지만 이 엄청난 인연의 소중한 힘을 우리는 늘 느끼면서 살아간다.

세상의 어머니!!
자식을 부처님으로도 만들 수 있는 이름, 어머니.
어머니여, 늘 기도하고 늘 선행을 베풀자.
거룩한 어머니는 있어도 거룩한 아버지는 없다.
아버지는 그냥 훌륭하다고 하면 그만.

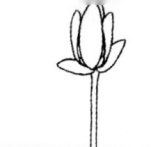

그러므로 어머니는 거룩하다.

부처님의 화신(化身),
자비의 표상이신 관세음보살은
그래서 어머니의 형상으로 우리에게 다가서시는 것이다.
대성자모(大聖慈母) 관세음보살!
크게 성스러우신 자비의 어머니.

萬法齊觀　　만법이 다 현전함에
歸復自然　　돌아감이 자연스럽도다.

사람에 의지하지 마라

　복지원 등에 책을 보급하는 운동을 벌였다. 한 조각의 빵도 중요하지만 한 권의 책이 더 필요한 곳이라 생각되었기 때문이다. 그 기금마련을 위해 서화전을 열기로 하고 작품수집에 나섰다.
　청주에 살고 있는, 알만한 사람들은 다 아는 연세가 많이 든 화가 한 사람을 찾아갔다. 그의 작품에 대해서 호의적인 마음이 많았기 때문에 한 차례 헛걸음을 치고도 재차 방문을 시도했다.
　자동차로 두 시간 이상의 거리를 달려 그 집에 도착했다. 그리고 비서를 통하여 접견을 신청하였으나 도대체 사람이 나타나질 않았다. 마당 가운데 서서 이제나 나오려나 저제나 나오려나 하고 마냥 기다릴 수밖에 없었다.
　8월, 태양의 열기가 대단했다.
　빳빳하게 풀해서 입은 모시옷이 땀에 젖어 몸에 쩍쩍 달라붙을 정도였다. 시간이 지날수록 땀은 비오듯 줄줄 흘러 내렸다.

근 한시간이나 되었을까.

드디어 잠옷 차림으로 그가 나타났다.

다가와서 나의 행색을 살펴 보더니 다짜고짜 청천벽력같은 고함을 질러대었다.

"야, 이 젊은 놈아! 여기 뭐하러 왔어!

이 뜨거운 데를 나오게 하고.

……

나는 불교를 믿는 사람이 아니야.

이 십자가를 한 번 봐!

……"

그는 목에 걸려있는 주먹만한 십자가를 들었다 놨다 하면서 분을 삭이지 못해 어쩔 줄을 몰라했다.

낮잠까지 방해한, 별 것 아닌 물건이 찾아왔다는 표현이나.

옆에 섰던 여비서는 이 돌발 사태에 대해 몹시 당황해 했다.

"스님, 선생님이 이러실 줄 몰랐습니다. 전에는 스님들을 잘 도와 주셨는데……. 늙어서 노망이 들었나? 죄송합니다……."

그는 귀가 먹어서, 돌아서서 이야기하는 여비서의 이야기를 알아듣지를 못했다.

나는 너무 기가 막혀서 멍하니 그의 얼굴만을 응시했다.

"쳐다보기는 뭐한데 쳐다보노. 당장 기나가라!"
하고 삿대질을 하면서 목에 핏대를 올렸다.
나는 그대로 쫓겨났다.
그의 집 대문앞에 작은 연못 하나가 있었다. 물이 무척 더러웠다.
그 더러운 물에도 아랑곳하지 않고 청초롬이 핀 연꽃들이 인상적이었다.

사람에 의지할 것이 아니라 법(진리)에 의지하라는 성현의 말씀이 생각났다.
그래도 나는 무슨 미련이 남아서 그 사람이 정말 노망이 들어서 그랬기를 바란다.

泯其所以	그 까닭을 없이하면
不可方比	견주어 비할 바가 없음이라.

선 배

가끔씩 놀러오는 5학년 쌍둥이 형제가 절 입구에서 입씨름을 하고 있었다.
쌍둥이 중에 형이
"내가 형이니까 인생 선배다!"
하고 큰 소리를 쳤다. 동생이 지지 않을려고
"나는 포경수술을 먼저 했으니까 포경수술 선배다!"
하고 더 큰 소리를 쳤다.
내가 나설 자리는 아니었지만, 한마디 거들었다.
"야, 부처님 보시기에는 도토리 키재기다!"

아무것도 아닌 것들을 가지고
세상 사람들은 싸운다.
아이들이나
어른들이나.

스트립 쇼

8월인가.

나이가 어린 한 사미 스님이 헐레벌떡 지대방에 뛰어들어오더니 숨 돌릴 틈도 없이 내 손목을 끌고는 바깥으로 나가자는 것이다. 내가

"뭔데 그러노?"

하고 묻자 그제서야 그 사미 스님은

"내 혼자 보기가 아까워서 그럽니다. 스님, 정말 환희심 납니다. 백문이 불여일견입니다."

하고 좋아서 어쩔 줄을 몰라했다. 사미 스님이 무엇인가 대단한 것을 본 모양이다.

마당에 나섰더니 뜨끈뜨끈한 태양의 열기가 대단하였다. 보릿짚 모자 아래 이마에는 금방 땀이 흘러 내렸다. 눈이 부셔서 뜰 수가 없었다.

"아이구 뜨거라. 뭐가 그리 좋은 게 있는가 모르지만, 눈이 다 시그랍다."

하고 내가 잔소리를 하였더니 사미 스님은

"스님, 고생 끝에 낙이 있습니다."
하고 잔뜩 바람을 더 넣었다.

드디어 일주문 밖에 나서니 해수욕장을 방불케 할 만큼 계곡에 많은 사람들이 원색 물결로 바글거렸다. 애들이고 어른이고, 남자고 여자고 뒤섞여서 물도 많지 않은 데서 파닥거리는 모습은 큰 구경거리였다.

다들 잠자리 복장보다 더 간편하다. 가려야 할 데만 최소한 가린 것이다. 우리가 쳐다봐도 아랑곳하지 않는다. 오히려 보는 사람이 부끄럽다.

그래도 어린아이들이나 청소년, 아가씨까지는 보아줄 만하다. 다른 이들에게 적어도 언짢은 기분을 주지는 않기 때문이다.

그러나 아주머니들은 꼴불견이다.

엉넝이가 크고 몸이 드럼통처럼 생긴 한 중년 부인이
"스님! 스님들은 안 더운가 봐요. 옷을 그렇게 입으시고."
하고 징그럽게 말을 붙였다.
"아주머니들 보니 더위가 잊혀지네요."
하고 답을 해주었다. 그러니까 기분이 좋은 모양이다.
"히히—."
하고 웃는다. 그리고 나무 아래에는 군데군데 사람들이 모여앉아 고기를 굽느라고 고약한 냄새를 풍겨댔다.

참 사람들은 모질다. 남의 살갗을 난도질해서 그 시체

를 둘러앉아 뜯어 먹는다. 집에서 먹는 것도 모자라 산 속의 좋은 공기를 오염시켜 가면서까지 그 짓을 해대니 그 힘을 다 어디다 쓰려는고.

사미 스님이 한마디 했다.

"집에서나 드시지. 여기까지 오셔서 이러시면 됩니까?"

둘러앉았던 사람 중에 얼굴이 불그레하고 하마처럼 생긴 아저씨가 일어나더니

"우리가 자주 오는 건 아니잖습니까? 중생들은 본래 이런 겁니다. 스님들도 음식점에서 고기 든 짜장면 먹데요."

하고 대들었다. 적반하장도 유분수지 자기들은 어차피 내놓은 놈이니까, 너나 잘해라는 식이다. 개인의 인격 탓도 있지만 술이 더 큰 문제다.

온통 전체 골짜기가 이런 꼴이니 어떻게 해 볼 수도 없다. 어설프게 건드려 놓으면 소란스럽기만 하다.

그렇지만 스님들은 한 번 붙으면 물불을 가리지 않는 단순하고도 못된 성질이 있다. '비구는 혈혈단신이다', '수좌 기질은 끝까지 밀어붙인다' 라는 2대 정신이 늘 마음 속에 자리하고 있기 때문이다.

남자들이란 처자식이 있게 되면 약해지는 것이다. 결혼이라는 사선을 넘으면, 과거에는 사기충천한 투사였다 하더라도 서리맞은 구렁이처럼 꼼짝을 못하는 것이

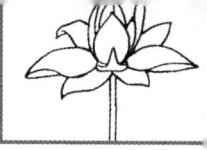

다. 그래서 진정한 투사는 결혼하지 않는 것이다.

수행자도 마찬가지다. 결혼 생활을 하면서 성직자 흉내를 내는 사람들은 다 벌어먹기 위한 직장 개념, 그 이상도 그 이하도 아니다.

스님들은 세인들을 상대해서는 좀처럼 발톱을 세우지는 않는다. 괜히 욕이라도 얻어먹으면 덕될 게 하나도 없기 때문이다. 그리고 백 대를 때리고도 한 대라도 얻어맞으면 한 대만큼 스님으로서 창피스러운 일이다.

사미 스님이 내 팔을 당기며 말했다.

"스님, 어떻게 해버릴까요?"

"그만 둬. 날씨도 더운데 그냥 돌아가자."

우리는 아무 일 없었던 것처럼 발길을 돌렸다.

다시 일주문에 돌아와 서서 한참이나 비키니 복장으로 물놀이를 하는 여자들을 감상했다.

참 재미나는 세상이다.

산에 앉아서 돈 들이지 않고도 수백 명의 스트립쇼 공연을 관람할 수 있으니 얼마나 좋은가.

산은 늘 다소곳하며 단정하다. 그리고 산은 수많은 동식물이 같이 살면서도 특별한 냄새를 풍기지 않는다. 늘 맑은 바람뿐이다.

산을 찾는 이여.

그냥 산이 좋아 찾아오면 안되겠나이까?

실 수

국군 통합병원 법회에서 사회자가 '주지 스님'이라고 할 것을 실수하여 첫머리에 '큰스님'이라고 호칭했다.

그러자 단상에 등장한 부대장들이 인사말에서 다들 '큰스님'으로 불러댔다. 몹시 불편했다.

마치고 나오는 길에 사회자에게

"어찌된 일입니까?"

하고 물었더니

"실수였습니다."

라고 대답했다. 나는 그날 기분이 몹시 언짢았다.

'큰스님이 되려면 60의 나이는 돼야 하는데……. 간혹 오십 중반까지 보는 사람은 있어도 집단으로 이렇게 늙은이 취급받기는 처음이야!'

이런 경우였는지는 모르지만 우리 주위에는 큰스님이 갑자기 많아졌다. 큰스님은 많은데 우리 불교는 왜 이렇게 침체의 늪에서 헤어나지 못할까?

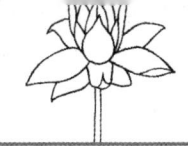

큰스님

어느 절에 들어갔더니 목에 기브스를 했는지 아주 뻣뻣한 태도로 객승을 맞이하는 보살이 있었다.
"안녕하시오. 목에 건 긴 염주를 보니 보살은 대보살이군요!"
보살은 금방 태도가 변하면서 자기 염주를 들어 보이며 호들갑을 떨었다.
"이거요? 우리 큰스님이 미국에서 사왔지요. 그리고 스님이 나만 줬지요."
나는 보살이 보통 도깨비가 아니구나 생각하면서
"여기 큰스님 계세요?"
라고 물었더니 보살이 반갑다는 듯
"예, 면담중인데 내가 한 번 친견시켜 드릴까요? 친견이 잘 안되는데 내 빽이면 돼요."
하고 우쭐거렸다.
접견실이라고 하는데 들어가니 사람들이 한 방 빽빽이 앉아 있었다.

알고보니 전부 사주나 보러 온 사이비 불자들이었다.
자기들끼리 수근거렸다.
"스님이 여기 뭐하러 왔는고, 사업하는가, 궁합 보러 왔는가……."
다들 자기 눈의 안경으로 보고 있었다.
한참 후 큰스님이랍시고 인사차 나온 사람은 똥배가 튀어나온 50대 초반으로 보이는 역학가였다.
먼저 와서 절을 둘러보던 객스님들이 옆에 섰다가 어이가 없는 듯 쏘아붙였다.
"대보살, 뭣이 커야 큰스님이오!"
그 주지 스님은 몸둘 바를 몰라했다.

개운치 못한 마음으로 하루 종일 길을 걸었다. 지친 발걸음으로 큰 절 일주문에 들어서는데 큼직막한 걸망 하나를 옆구리에 낀 채 급히 나오시는 한 스님과 마주쳤다.
스님은 초면인 나의 손을 잡고 애걸하다시피 말씀하셨다.
"스님, 도와주십시오. 사형수 양동수 구명(救命) 운동차 다니고 있습니다."
나는 그 분이 박삼중 스님이라는 것을 처음 알았다.
교도소 대법사!
지장 보살 같으신 분!

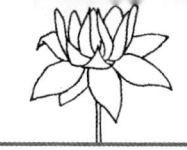

갈 때까지 간 중생을 구제하시려고 골짝골짝 절을 찾아다니시는 분.

큰스님!

큰스님은 발길에 채이는 어둠을 걷어내며 차도 타지 않으시고 서둘러 산을 내려가셨다.

나중에 들은 얘기지만 큰스님은 양동수, 최재만 두 사형수를 살려내었다.

세상에는 용과 이무기가 뒤섞여 있다.
중생들은 용과 이무기를 구분해 내지 못한다.

止動無動   그치면서 움직이니 움직임이 없고
動止無止   움직이면서 그치니 그침이 없나니라.

교 훈

은사 스님은 세속의 부모님과 같은 역할을 한다.

부모님이 계시지 않으면 태어날 수 없는 것처럼 은사 스님이 계시지 않으면 승려가 될 수 없다.

부모님이 이름을 지어주시듯 은사 스님은 법명을 지어주신다. 가사와 바루를 사주시며 기본적인 교육을 시켜주신다.

부모님을 통해서 육체적 태어남이 있었다면, 은사 스님을 통해서는 지금까지와는 전혀 다른 정신적 태어남이 있게 된다.

제자가 된 상좌들은 은사스님에 대한 보답으로 한동안 자식이 부모님을 봉양하듯 꼭 한 번은 은사 스님을 시봉(侍奉: 받들어 모심)해야 한다. 말이 모시는 것이지, 사실 이때는 스님의 모든 것을 배우는 기간이다.

요즈음 나는 은사 스님을 시봉하고 있다.

나의 은사 스님이신 성(性)자 파(坡)자 큰스님은 현재 '통도사 주지'라는 중책을 맡고 계신다. 통도사 주지라면

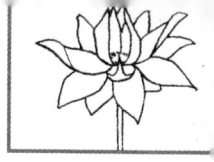

경상남도 도지사만큼이나 바쁜 자리이다. 100개가 넘는 말사를 관리해야 하고, 큰절의 대소사(大小事) 및 산내(山內) 암자까지 신경을 써야 한다. 그 때문에 스님은 자정 전에는 주무신 적이 없다.

얼마 전부터 스님께서는 바쁜 일과 가운데에서 틈을 내시어 대학원에 공부하러 나가신다. 일주일에 두 번씩이나, 그것도 저녁 시간을 이용해서 다녀오시려니 옆에서 보기에도 안쓰럽다.

자정을 전후해서 돌아오시면 스님은 그냥 바로 주무시지 않는다. 꼭 붓글씨를 쓰신다. 붓글씨를 쓰시는 동안 나는 곁에서 스님께 낮에 있었던 일을 소상하게 말씀드린다.

그러던 어느 날 밤에 큰 실수를 하고 말았다. 이부자리를 펴 드리려고 벼루를 운반하는 도중 덤벙거리다가 벼루에 반쯤 담긴 먹물을 그대로 대돗자리에 엎질러버렸다.

순간, '뺨이라도 서너 대 터지겠구나' 하고 바짝 긴장이 되었다. 스님께서는 조용히 말씀하셨다.

"걸레 가지고 오너라."

고함도 치지 않으시고 편잔도 주시지 않으시니 너무 의외였다.

말이 그렇지, 대나무 사이사이에 배어 들어간 먹물을 닦아내기란 여간 힘들고 짜증나는 일이 아니다. 그것도 밤 12시가 넘어 한참 졸릴 시간에 벌어진 일이니.

스님은 성격이 깔끔한 데가 있으시어 일일이 대나무 한 줄 한 줄을 뒤로 제쳐가면서 닦아내셨다.

몸 둘 바를 모르고 있는 나를 스님께서는 오히려 안심시키느라, 그 일을 하시면서 이런저런 과거 수행담을 들려 주셨다. 그날 스님과 나는 한숨도 잠을 자지 못했다.

차라리 야단을 맞거나, 한 대 맞으면 속이 편할텐데 스님은 그러지 않으셨다.

    兩旣不成   두 가지가 이미 이루어지지 못하거니
    一何有爾   하나인들 어찌 있을건가

시줏돈

아버님이 절에 한 번 오셨다.

가끔씩 불교책을 보신단다.

"얼마 전에 불교책을 보니까 절에서 신도들이 낸 시줏돈을 집에 갖다 쓰면 큰 업을 짓는 일이라고 하더라. 스님은 한푼 돈이라도 집에 가져 올 생각 말아라."

사실 오래 전에는 그렇지 않으셨다.

'우리가 늙으면 스님이 좀 보태주라' 하셨는데.

나는 책의 힘이 얼마나 큰 것인가를 실감했다. 누가 쓴 책인지는 모르지만 그 저자에게 무한한 고마움을 느낀다.

그래서 나는 내가 경영하고 있는 '좋은인연' 출판사와 신문사를 더욱 아낀다.

究竟窮極   끝내 궁극하여
不存軌則   일정한 법칙이 있지 않음이요.

목적과 수단

막 대학을 졸업하고 일본에 간 적이 있다.

공부를 계속해 볼 참이었다. 아르바이트 자리가 많다고 해서 돈 한푼 갖지 않고 막무가내로 덤벼든 것이다.

공부하는 스님들의 아르바이트라면 목탁을 쳐 불공하는 일이나 법회를 봐주는 일이다. 그중 일본에서는 거의 목탁치는 일이다.

처음 도착한 곳은 동경이었는데, 그 이튿날 당장 일거리가 생겼다. 현지에 있던 아는 스님이 어디서 큰 징 하나를 꺼내 왔다. 나는 의아해 물었다.

"징은 왜?"

"여기는 조금 무당 맛이 있어야 영험이 있어."

징이랑 목탁, 요령 등을 잔뜩 지고 안내하는 사람을 따라갔다. 그날은 안택(安宅 : 집을 편한히 함)기도였다. 일본에서는 가정 평안을 기원하는 안택 기도가 많다고 한다.

재일동포의 집이었는데 어마어마한 저택이었다. 큰

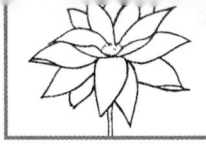

집에 걸맞게 가지가지 과일을 비롯, 수십 가지 공양물이 상에 올랐다. 상을 차리는 정성이 대단했다.

남자고 여자고 간에 일가 친족이 다 참석하였는데 일본인 며느리까지 있었다. 남자들이 더 적극적이었다.

행사는 저녁 7시부터 시작하여 10시까지 계속되었는데 지칠 지경이었다.

그곳에서는 그렇게 시간을 길게 해주어야 만족한다면서 같이 간 스님은 교본에도 없는 염불까지 곁들였다.

긴 시간도 고역이었지만 그놈의 징소리가 영 귀에 거슬려 견딜 수가 없었다.

진짜 무당이 된 기분이었다.

다 마치고 나니 주인 양반이 정중히 절하면서 답례를 했다.

"스님, 싱까지 쳐주시니 속이 후련해서 좋습니다. 올해 일은 만사 형통할 것 같습니다."

돌아오는 택시 속에서 옆에 앉은 스님이

"일본에서 공부하는 스님들의 심정을 조금은 이해하겠지요?"

하고 힘없이 말했다. 나는 예삿일이 아니다 싶었다.

동경에서 당분간 지내다가 오오사카로 내려갔다. 일복이 많은 지 돈복이 많은 지는 알 수 없지만 금방 많은 일거리가 생겼다. 표현이 조금 그렇지만, 그곳에서 공부하는 스님들에게는 불공이 바로 돈벌이 수단인 것이다.

공부하러 갔다가 거기서 눌러사는 50대의 한 스님은 수첩에 빽빽이 일정을 적어 놓고 있었다.

거의 대부분이 재일동포를 상대로 한 무당 푸닥거리였으며 스님들은 무당들의 푸닥거리에 덤으로 따라다니는 경우가 많았다.

물론 정통을 유지하는 정법 사찰들이 없지는 않았다. 그런 꼴이 보기 싫어 그 스님들은 보란듯이 대한불교 조계종 간판을 내걸고 일체 무속행위에 가까운 사이비 불공은 하지 않았다. 그런 곳은 그런 곳대로 신도들이 꽤 많았다.

신도들이 사찰에 다니는 것도 각자 나름의 수준대로, 근기따라 모여든다는 것을 눈으로 직접 볼 수 있었다.

우리나라에도 보살절이 많지만 그쪽도 그랬다.

한 번은 보살절의 주지 보살로부터 30일 기도가 있으니 한 번 집전해 보라는 제의가 왔다.

보살절은 오오사카 시내에 있었지만 30일 기도처는 산이라고 해서 괜찮겠다 싶어 따라 나섰다.

두 시간 이상 승용차로 달리고 또 산길을 걸어 한참 들어가니 움막 몇 채가 있었다.

우리는 일단 가지고 간 공양물을 내리고 기도 준비를 했다.

그런데 난데없이 또 한 무리의 보살들이 딴 차로 도착했다. 저 사람들은 누구냐고 물어도 대답이 시원치가 않

아서 무슨 꿍꿍이가 있구나 하는 생각이 스쳤다.

팔을 걷어붙이고 일하는 폼을 보니 무당들 같았다. 과자를 고이고 꽃을 만들어 붙이는 솜씨들이 꽤 능수능란했다.

나는 그쪽의 풍습을 잘 모르는 상태였으므로, 그들이 시키는 대로 하루종일 종이를 잘라 붙였고 움막을 보기 좋게 장엄해 갔다. 30일 기도면 2~3일은 그렇게 정성껏 준비를 해야 한다는 설명이었다.

드디어 기도가 시작되기 직전이었다. 그런데 그 보살들이 입고 나오는 복장이 좀 수상했다.

"혹시 당신들 무당 아니오?"

"스님, 무당이면 어때요, 같이 일합시다. 돈 많이 드릴게요. 스님은 공부할 돈이 필요하잖아요."

나는 두말 않고 그자리에서 일어났다. 그곳은 '굿당' 이었다.

"이 사람들이 나를 어떻게 보는 거야!"

그들이 달려들어 팔을 잡고 한사코 말렸지만 고래고래 고함을 지르며 단호하게 말했다.

"당신 같은 사람들이 스님들을 이용해? 혼자 사는 비구승은 내일 굶어 죽는 한이 있더라도 자존심을 버리지는 않아. 무당들하고 푸닥거리나 하려고 일본까지 온 게 아니야!"

나는 그 이튿날 바로 귀국해 버리고 말았다.

'이런 식으로 공부할 필요가 없다.'

절의 공부는 무슨 목적을 위해서 하는 사회 공부의 수단적인 의미와 다르다. 절의 공부는 그 자체가 수단이고 목적이며 수행이다.

契心平等   마음에 계합하여 평등케 되어
所作俱息   짓고 짓는 바가 함께 쉬도다.

몸과 마음은 하나다.

이미 출판된 책을 읽고 어느 독자가 전화를 걸어왔다.
"스님, 저 아주 예쁘거든요. 나이는 스물 일곱이구요……."

나는 속으로 '조금 예쁘겠구나'하고 생각했다.

얼마있지 않아 찾아왔다.

앞에 나타난 여성 독자는 예쁘기는 커녕 머리는 엉클어진 채 빗지도 않고, 얼굴은 부시시하여 몰골이 말이 아니었다.

첫 대면에 그녀에게 이렇게 말했다.

"머리나 좀 빗고 다니지요."

"스님, 마음만 예쁘면 예쁜 것 아닙니까!"

마음, 물론 중요하다. 그러나…….

몸과 마음이 하나라는 사실까지 이해시키는데는 시간이 걸렸다.

그는 본 정신이 아닌 여자였기 때문이다.

조 심

"노스님, 문 닫아 드릴까요?"
"아니다. 방에 불을 많이 때서 너무 더워요."

일흔이 넘으신 큰스님은 여성 신도가 찾아와 이야기를 나누실 때는 엄동설한에도 꼭 문을 반쯤 열어 놓고 계신다.

처음에는 진짜 방이 너무 더워 그러시는가 생각하였지만, 나중에 알고 보니 그게 아니었다.

"젊은 수좌, 여자 입을 조심해야 해! 내가 수좌처럼 젊었을 때였지. 지금처럼 추운 겨울이라 문을 닫아 놓고 한참 상담을 했는데 그때 50살 넘은 공양주 보살(절에서 밥짓는 일을 주로 하는 여자 신도)이 그만 질투심이 발동하여 온 신도들한테 나쁜 소문을 퍼뜨렸지. 요즘 말로 하면 루머라는 거지. 무거운 절 떠나느니 가벼운 중 떠나는 것이 옳다 싶어 걸망을 쌌지.

처음엔 분한 마음에 그 공양주 보살을 얼마나 미워했는지 몰라. 나중엔 그것도 후회가 됐어. 그 보살이 얼마

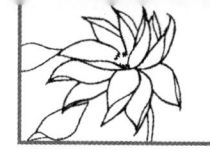

안있어 암으로 죽었거든. 그 후론 꼬마든 할머니든 여자라고 생겼으면 문을 열어 놓고 대화하지……."

당시에, 나는 '노스님이 너무 심하시다'는 생각을 했었다.

세월이 흐른 후, 대중생활을 마치고 개인방을 쓰는 기회가 많아졌다. 천성적으로 청결하지 못한 탓도 있지만 나의 방은 늘 마굿간이다. 달리 누가 치워주는 사람이 전혀 없기 때문이다. 책은 이리저리 온통 방바닥에 굴러다니고 옷가지는 여기저기 흩어져 나뒹군다. 책과 옷가지가 서로 뒤섞여 책 한 권 찾는데도 먼지가 풀풀 난다.

이런 지경이니 방문객이 있을 리 없다. 또한 사람들이 나의 공간까지 쳐들어오는 것을 용납치 않는 못된 성격에도 원인이 있다. 개방시켜 놓으면 청소 해주는 이도 있을텐데.

마굿간이면 어떠랴.

쓸데없는 소문에 시달리지만 않는다면.

'사람이 너무 깨끗하면 복도 붙지 않는다.'는 옛 말이 무척 고맙다.

狐疑淨盡　　여우 같은 의심이 다하여 맑아지면
正信調直　　바른 믿음이 서리라.

사지도 멀쩡한데

길을 걷기 시작한 지 석달째.

영·호남을 두루 거쳐 양반 고장이라는 충청도 어느 골을 지나가는데, 제법 큰 어린애를 업은 할머니가 저만치서 오는 나를 보고는

"사지도 멀쩡한데 어떻게 혼자 사실까?"

하고 느린 말투로 띄엄띄엄 더듬었다.

등에 업힌 아이가

"할머니 사지가 뭐예요?"

라고 물으니

"사지는 다리란다"

하고 대답했다. 그 아이는 다시

"스님이 다리가 없으면 어떻게 걸어요?"

하고 고개를 갸우뚱거렸다.

노인네 마음씀이 철부지 아이들보다 못할 때가 있구나 하는 생각이 들었다.

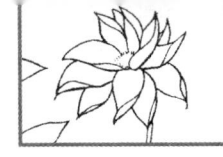

소 신

대학의 문을 두들겼다.

다른 이유가 있었다기보다 실타래처럼 얽혀져 있는 불교 교리를 좀 체계적으로 정립해 보자는 생각에서였다.

여러 가지 여건상 힘든 점이 많았지만 그 중에서도 서울 생활에 적응하기가 보통 일이 아니었다.

매연, 소음, 사람들……

억지로 한 학기를 끝내고 산 속에서 방학을 보냈다.

2학기 첫날 학교를 가는데 숨이 콱콱 막혔다. 바로 교무과로 직행했다. 같이 입학했던 지원 스님은 영문도 모르고 나를 따라 붙었다. 사실은 나도 그럴 생각은 아니었는데 길을 걷다가 방금 결정한 것이다.

"휴학계 한 장 주시오."

지원 스님은 내 얼굴과 휴학계 용지를 번갈아 보더니

"나도 한 장 주시오."

하였다.

둘이서 대충 써내놓고 나오는데 재가(在家)학생들이
"스님, 휴학은 장난으로 하는 게 아닙니다."
하고 걱정스레 말했다.
"그래, 장난이라도 관계 없다. 세상은 어차피 한바탕 장난이다. 열심히 해라"
"아무 생각 않고 휴학계 낼 수 있는 스님들이 부럽습니다. 건강하세요!"

동국대학교 불교대학은 스님과 재가 학생들이 같이 공부할 수 있어서 좋다.
그 재가 학생들이 늘 자랑스러운 것은 자기 소신껏 불교대학에 들어온다는 것이다.
돈이나 출세보다도 인생 철학을 확립하기 위해 길을 찾는 이들의 눈을 보고 있으면, 내 가슴 가득히 큰 힘이 용솟음친다.

一切不留　　일체가 머물지 아니하여
無可記憶　　기억할 아무 것도 없도다.

인간의 처음과 끝

충무 용화사 포교당에 들렀다.

좁은 마당에 철물점처럼 들어선 놀이터가 인상적이다. 아이들이 놀 수 있도록 배려한 듯하다.

모든 절이 다 이러면 얼마나 좋을까!

오후 늦게 '오숙정'이라 여덟 살 난 꼬마가 놀러 왔다. 처음 본 나에게 질문을 퍼부었다.

"스님, 아버지 어머니는 할머니가 낳았겠죠. 그리고 할아버지 할머니는 그 위의 분들이 낳았겠죠. 자꾸 올라가면 처음 사람은 어떻게 생겼죠?"

나는 숙정이에게 다시 물었다.

"숙정아, 너 교회 유치원 다녔니?"

"예! 스님, 그런데 저의 어머니가 절에 다니시기 때문에 교회에 나가지는 않아요"

나는 마당에 아주 동그란 원을 하나 그렸다. 이음새가 없도록 몇 번이고 그 위에 겹쳐 그렸다.

"숙정이 너, 여기 동그라미에서 시작하는 데를 찾아 봐라."

"스님, 계속 도는 건데, 시작하는 데와 끝나는 데가 어디 있어요?"

"숙정아, 사람도 똑같애. 물을 한 번 봐라. 물이 수증기가 되면 하늘에 올라가서 구름이 되겠지. 물방울이 무거워지면 빗물이 되겠지. 내려오다가 얼면 눈이 되겠지. 물이 땅 위에서 얼면 얼음이 되겠지. 얼음이 풀리면 또 물이 되겠지. 계속 돌고 도는 거지. 다시 물이 수증기가 되고……."

"스님, 그러면 우리 사람들도 죽으면 또 태어나고, 태어나면 또 죽고… 계속 그렇게 되겠네요. 결국은 제가 맨 처음 물었던 처음 사람도 있을 수 없네요."

나는 신동에 가까운 숙정이를 금방 좋아하게 되었고, 숙정이는 TV에서 본 부처님 일대기를 나에게 얘기해 주었다.

내가 차고 있던 단주를 줄여서 그의 작은 손목에 채워 주었더니 팔에 매달리면서 한 번 업어 달라고 졸랐다.

   숙정이를 업고 그 원을 몇 바퀴 도는데 내 귀에 대고 속삭였다.

   "스님, 스님 말씀대로 계속 돌고 도는 거니까 너무 좋아요. 오늘 만났으니 내일 또 만날 수 있겠죠? 내일 또 업어주시는 거죠?"

   "그래, 세상은 끝없이 계속되니 참 좋지. 끝이 없는데 시작이 있을 리도 없고"

        虛明自照   허허로이 밝아 스스로 비추나니
        不勞心力   애써 마음 쓸 일 아니로다.

진아 보살의 경험

자료를 찾다가 월간지에 실린 아는 보살의 이야기를 읽고 여기에 옮겨 싣는다.

신문사 일로 시내에서 취재를 하고 돌아오는 길에 잘 아는 칠칠이 보살님을 만났다.

그 보살님은 내가 다니는 절에 다니고 계시는데 절 일에 아주 열심히 참여하신다. 그래서 행사 때마다 뵙는 분 중 한사람이다. 의외로 승용차와 한복이 잘 어울려 항상 날 놀라게 한다. 그 분은 이야기 도중에 나의 일에 대해 물으시고 힘든 일을 곧잘 한다고 칭찬하셨다. 그리고 자신은 육체적으로 힘든 일을 잘 못한다고 말씀하셨다.

"왜 진아씨도 알지? 대도행 보살이라고……."

"네, 잘 알죠. 절의 궂은 일을 도맡아 하시잖아요."

"그래, 참 대단하지. 난 그렇게 못해. 한 번은 절에서 대중공양을 준비했는데 그 다음 날까지 완전히 뻗었어.

그런데 대도행은 허리가 아프다면서도 온갖 무거운 걸 다 들고 끙끙거려."

"허리가 아프시다구요?"

난 깜짝 놀랐다.

"몰랐어? 옛날에 허리를 다쳤단다. 세상에, 그런데도 그렇게 몸을 함부로 해. 그러다 늙으면 평생 고생이라구! 건강을 생각해야지. 자기 몸 자기가 관리해야지, 누가 해? 어리석은 짓이야. '좋은 일한다' 그러면서도 다 욕해."

그 칠칠이 보살님과 헤어져 신문사로 돌아왔다. 그 이후로 기분이 우울해졌다. 일도 되지 않았다. 신문을 나누어주고 무거운 책을 5층 신문사까지 올리는 일도 짜증스러웠다. 몇 번 한숨을 쉬었다가 하던 일을 멈추고는 퇴근해 버렸다.

돌아오는 길에 부처님 모습이라도 뵐 겸 절에 들렸다. 사람들이 몇 명 있었다. 대도행 보살님이 곧바로 내 눈에 들어왔다. 귤상자를 끙끙거리며 혼자 끌고 있었다. 난 보살님의 허리가 생각나서 쫓아가 같이 도왔다. 보살님이 활짝 웃었다.

"오늘따라 더 무겁네. 오늘 재(齋)가 하나 있어서 말야. 좋은 곳으로 가셔야 할텐데."

난 그날 저녁 늦게까지 있다가 보살님이 준비한 음식 – 밥, 국, 부침, 과일들 – 을 실컷 먹었다.

재를 끝낸 재주(齋主)가 보살님께 고맙다는 인사를 하고 돌아갔다. 보살님은 그날 늦게까지 다른 보살님 두 분과 함께 설거지를 하셨다.

절을 나서면서 허리에 대해 물었다.

"아프긴 하지. 그래도 내가 안하면 할 사람이 없을 것 같아 걱정돼서 말야."

대도행 보살이 웃자 얼굴의 주름들도 활짝 웃었다.

그 다음날 난 미루었던 일을 깨끗하게 해치웠다. 나중에 그 이야기를 우학 스님께 했더니 크게 웃으셨다.

"진아 보살, 근기가 얕구만. 아직 멀었어!"

非思量處　　생각으로 헤아릴 곳 아님이니
識情難測　　의식과 망정으론 측량키 어렵도다.

중생 제도

교도소 정기 법회.

한 신도님의 정성으로 교도소에 책 200권이 전달 되었다.

본인의 편저로 되어 있는 '재미있는 금강경 산책'인데 나는 이 책에 애정이 있기 때문에 법회 교재로 사용한다.

재소자들이 모두 재미있어 한다. 그런데 꼭 법회가 끝날 때면 한 차례 소동이 일어난다. 책이 몇 권씩 없어져 찾느라고 야단이다. 방에 가져가서 더 보려는 열성적인 사람들이 책을 내놓지 않기 때문이다.

돈만 좀 넉넉하면 수천 권 풀어서 다 하나씩 갖게 하면 좋으련만 그러지 못한 게 너무 아쉽다.

이들이 비록 재소자들이지만 진리에 대한 열정은 바깥에 있는 사람보다 더하다. 아마 인생의 쓰라린 깊은 맛을 체험하고 있는 터라서 그럴 것이다.

찬불가의 목소리도 간절하다 못해 환희심으로 우렁차

다.

세상에 죄라는 것이 다 어디 있는고 싶다.

교도관들은 늘 말하기를 종교 행사를 통한 교도가 무척 중요한데, 불교에서의 지원이 다른 종교보다 많이 소홀하다는 것이다. 특히 종교 서적에 있어서 기독교 책은 주체하기 힘들 정도로 많이 들어오지만, 불교 책은 너무 없어서 아쉽단다. 중생 제도를 늘 노래하지만 정신적인 어려움에 처한 이 사람들에게 최소한의 기본적인 지원도 해주지 못하니 미안할 뿐이다.

어느 한 교도관이 말한다.

"스님, 종교 본연의 의무가 뭡니까? 산골짜기에 고래 등 같은 집만 크게 짓는다고 될 일은 아니잖습니까? 거기에 들어가는 돈 천만 분의 일이라도 사람 구제하는데 사용해야 안되겠습니까?"

나는 아무 말도 할 수 없다.

돌아오는 길에, 책 보내기 구좌운동이라도 벌여야겠다고 생각했다.

장애인

여의도 순복음 교회에 갔다.

단일 교회로는 세계 최고의 신도수를 보유하고 있다는 그 명성만큼 모든 시설이 잘 갖추어져 있다. 여러 예배실을 기웃거리면서 직접 집회에도 참여하였다.

그들의 훌륭한 점을 많이 볼 수 있었다.

특히 가장 감명을 받은 것은 장애인에 대한 배려였다. 휠체어가 들어가기 쉽도록 출입구 턱을 잘 깎아 놓았다. 뿐만 아니라 장애인끼리 모여서 예배를 볼 수 있도록 '장애인 예배실'이 따로 있었다. 휠체어를 타고 예배를 보는데 전혀 불편함이 없도록 신경을 썼다. 장애인을 돌보는 봉사요원들이 그들의 일거수 일투족을 도와 주었다.

'아! 장애인에 대한 관심, 바로 이것이 세계 최고의 교회로 키운 것이다' 하고 탄성을 질렀다. 남의 종교지만 장애인에 대한 그 사랑의 손길에 찬사를 보내지 않을 수 없다.

우리 불교의 법당도 이렇게 몸이 불편한 사람들이 들어와서 법회를 보고 기도할 수 있도록 그 시설들을 개선해야 한다.

眞如法界　바로 깨친 진여의 법계에는
無他無自　남도 없고 나도 없음이라.

신도 회장

가끔씩 받는 건의가 있다.

'신도회장은 돈 많은 사람이 돼야 한다는 것.'

그냥 듣기만 할 뿐이지만 내심 기분은 좋지 않다. 사회가 온통 돈으로 그 기준을 삼는다지만, 종교 단체는 그래서는 안된다. 신심(信心)이 가장 먼저다.

어느 절에서 있었던 얘기다.

조금 가난했지만 뜻이 잘맞는 신도들이 모여 서로 기도하며 참선하면서 신심을 일구어 왔는데 도회지 돈 많은 신도가 그 절에 큰 시주를 하면서 절이 술렁대기 시작했다.

그 사람이 신도 회장이 되고서 요사채도 새로 짓고 대웅전도 전보다 훨씬 크게 지었다. 지금까지 없던 관음전, 지장전도 지어 큰 가람을 이루었다. 그 도회지 회장 신도가 독시주를 해서 그렇게 된 것이다.

회장 신도는 돈은 많았지만 다른 신도들과 화합할 줄

몰랐다.

기도는 하지 않고 생색내기에 여념이 없었다.

결국 신도들은 하나 둘씩 그 사람이 꼴보기 싫어 나오지 않게 되었다.

절 건물은 둥그렇게 남아 있었지만 신도가 없는 빈 절이 되고 말았다.

세상의 모든 모임에서 돈으로 간부를 뽑는 일이 있더라도 절에서는 신심(信心)이 우선되어야 한다.

얼마 전, 어떤 신도가 돈많은 어느 한 사람을 간부로 추천했지만 거절했다.

돈은 영원하지 않기 때문이다.

그렇지만 신심은 그 영원한 진리와 맞닿아 있다.

要急相應　재빨리 상응코저 하거든
唯言不二　둘 아님을 말할 뿐이로다.

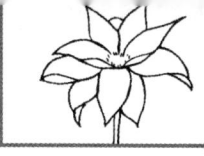

여자들의 성격

여자들의 성격은 참 괴상망측(怪狀罔測)하다

금방 깔깔거리고 웃다가도
조금만 수가 틀리면
그의 얼굴은 살얼음장같이 변한다.

상냥하던 그 솜사탕같은 말씨도
무슨 구실만 있으면
돌연 꽥! 소리를 지르고는 쌀쌀맞게 군다.

그같은 여자들을 데리고 사는
세상의 남자들은 참 존경스럽다.

변화무쌍한 여자들의 그 속!

이 이야기를 어느 법회에서 하였더니

그때까지 순하게만 듣고 있던 여신도들이
갑자기 벌떼처럼 일어나서는, 합창하듯이 입을 모았다.
"스님, 그것은 남자들도 마찬가집니다."

"과연 여자들의 성격은 참 괴상망측하군요."
나의 이 말에 여신도들은 금방 깔깔거리고 웃었다.

여자 성격은 정말 괴상망측하다.

물론 예외도 있지만.

不二皆同　둘 아님은 모두가 같아서
無不包容　포용하지 않음이 없나니라.

대역

거지가 하는 일없이 너무 바빠 빌어먹는 주머니조차 꿰멜 시간 없다더니…….

너무 바쁘게 돌아다니다가 쓰러져 영양제 주사를 맞았다.

강의, 기도, 원고 쓰기, 상담, 관음사 관리, 어린이 법회, 불교대학 관리, 신문사 관리, 출판사 책관리…….

벌어먹일 처자식도 없으면서.

잘 알고 지내던 노보살님이 병원에 입원해 계셨는데 그동안 개종을 했다는 얘기를 듣고 큰 충격을 받았다.

'우리 절에서 시어머니 49재까지 지냈는데…….'

가끔씩 병원으로 전화를 드렸지만, 쓰러진 며칠 동안은 틈이 나질 않았다.

체력은 모자라고, 더더구나 시간은 더욱 없고, 무관심은 아니었는데 그 노보살님 보시기에는 무관심으로 보였을 것 같다.

여러 가지로 죄송한 마음 금할 길 없다. 노보살님을

개종시킨 사람들에게 부탁하고 싶다.

'우리 노보살님을 늘 곁에서 돌보면서, 외로울 때 말벗이 되어주는 좋은 친구 역할 해주시기를…….'

비록 종교는 다르지만 나대신 그 보살님의 마음을 편안하게 해주신다니 그분들께 깊이 고마운 마음을 전한다.

十方智者　시방의 지혜로운 아들은
皆入此宗　모두 이 종취로 들어옴이라.

주인공

우리의 본성(本性)자리는 언어도단(言語道斷)이요, 심행처멸(心行處滅)이다.

선원에 다닌다는 여신도가 찾아와서 마음, 주인공을 제멋대로 장식해 갔다. 헛소리를 하는 모습이 무당출신의 자기 스승과 어찌 그렇게 흡사한 지 그의 입만 쳐다보았다.

그저 생각없이 듣다보면 도인(道人)들인가 하고 착각을 일으킨다.
그들의 도(道)는 입술에 달려있다. 실컷 뇌까리고는 포교사 자격증을 하나 달란다.
세상의 도를 아는 사람이 편법으로 자격증을 바라다니…….
나는 자리에서 일어섰다.

그의 스승은 돈으로 어느 종단에 정식등록을 했다. 합법적인 사이비(似而非)가 된 것이다.

그들이 들먹이는 '주인공'은 그렇게 의미없이 존재하지 않는다.

주인공은 입이 닳을까 함부로 말하지 않는다.

그리고 쓸데없는 언어로 스스로 망신당하지 않는다.

집착하지는 않되 열심히 살아가는, 말로는 표현하기 힘든 자기 자신이 주인공이다.

宗非促延   종취란 짧거나 긴 것이 아니니
一念萬年   한 생각이 만 년이요.

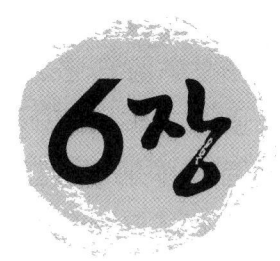

6장

세상은 그대로 존재할 뿐,
그래서 아름다운 것

체면차리기 / 교육과 종교 분리해야 / 종이요 / 포살과 정치인
산신령이 되어 / 차별대우 / 봉사합시다 / 자기 주제
하나됨의 행렬(연등행렬) / 투표 / 호구지책 / 사이클 / 옥야

체면 차리기

말쑥한 차림의 도회지 젊은 부부가 아들 둘을 데리고 혼자 기거하는 토굴을 찾아왔다.

오랜만에 보는 사람 모습이라 반가워서 뒷산의 갈대밭으로 안내했다. 바로 뒤에 따라오던 동생 현호가 형 원호더러

"야, 형! 오줌 마려워."

하고 말을 걸었다. 형 원호가

"화장실 없을걸. 여기서 그냥 눠! 이런 데서 오줌 누면 재미있다."

라며 기상천외한 답변을 했다.

그 뒤에 섰던 아버지가 한마디 거들었다.

"재미있을 것도 어지간히 없다."

형 원호가 아버지더러

"그럼 아버지는 이따가 오줌 마려우면 화장실 찾아서 볼 일 보세요."

하고 말문을 막았다. 두 녀석은 이내 그곳에서 '쉬'를

하였다.

한참동안 우리 일행은 토끼나 다님직한 좁다란 길을 걸었다. 아버지 되는 사람이 머뭇머뭇 하더니 나에게 말을 건넸다.

"스님, 근처 화장실 있지요?"

"있기야 있지요. 한 10km 정도는 가야 됩니다."

"원호야! 아버지도 마, 여기서 오줌 눌까? 거름도 되고 좋겠는데."

형제는 깡총깡총 뛰면서 말했다.

"야! 아버지도 재밌겠다."

아버지는 가만있질 못하고 주책없이 한마디 했다.

"너희들, 동네 가서는 아무데나 오줌 누면 안 돼!"

아이나 어른이나 다 똑같다.
상황이나 조건만 다를 뿐.

無在不在   있거나 있지 않음이 없어서
十方目前   시방이 바로 눈 앞이로다.

교육과 선교 분리해야

　파란 눈을 가진 서양 선교사가 빵을 나눠주며 학교를 열기 시작한 이래 우리나라 각 종교 단체는 학교 선교에 열을 올려왔다.
　대구의 경우만 보더라도 종교 단체에서 세운 학교가 30여 곳이 넘는다. 이들 종립학교(宗立學校)가 지금까지 나라의 교육을 어느 정도 담당해 온 것은 사실이나 그 반대로 부정적인 측면도 많았음을 지적하지 않을 수 없다.
　얼마 전, 고등학교 1학년인 한 학생이 찾아왔다.
　"스님, 학생에게 억지로 종교라는 멍에를 뒤집어 씌우니 너무 괴롭습니다."
　"뭐 때문에 그러노?"
　"저는 종립학교에 다니는데 교리 공부가 너무 싫습니다. 추첨해서 들어간 학교인데 왜 제가 그 종교 기도를 강요받고 그 종교 점수를 따야 합니까?"
　"그래, 참 힘들겠구나. 학생처럼 종교 때문에 고민하

는 학생이 많으냐?"

"예, 종교 시간에 딴전을 피우며 투덜거리는 친구들이 많습니다. 종교가 돈 많아서 사회봉사 한다고 학교 지어 놓았으면 됐지, 무슨 특권이 있길래 저희들에게 일방적으로 선교하려 덤벼듭니까?"

그 학생은 휴학까지 생각한다는 충격적인 말을 남기고 떠났다. 종립학교에서의 종교문제 때문에 자녀들이 힘들어 한다는 학부모의 말을 몇 번 듣기는 하였으나 이렇게 심각한 줄은 몰랐다.

본래 사학(私學)은 나름대로의 건학이념을 갖고 있다. 그런데 그 건학이념이 스스로 지원한 사람이 아닌 경우 즉, 현 교육제도의 추첨방식하에서도 과연 합당한 것인가 생각해야 한다.

민주주의 국가에서는 보편적인 전인교육을 받을 권리가 있다.

종교라는 미명 아래 원치않는 학생에게까지 편향적인 사고를 강요하는 것은 비교육적이다. 교육당국에서는 대다수 학생들의 정서적인 문제를 고려해서 종립학교에서의 종교시간을 선택과목으로 돌리도록 유도해야 한다. 순수해야 할 학교 교육이 선교의 도구화라니 말이 안된다.

최근 독일에서는 공립(公立)학교에서의 특정 종교 상징물을 다 떼도록 했다고 한다.

　종교의 백화점이라고 할 만큼 다양한 종교를 가지고 있는 우리 사회가 참고해야 할 일이다. 기성인들은 어떤 수단으로써 학교를 운영할 생각은 말아야 한다.

極小同大　　지극히 작은 것이 큰 것과 같아서
忘絶境界　　상대적인 경계 모두 끊어지니라.

중이요

　나는 목욕탕에 잘 가지 않는다.
　연례 행사로 몇 번 갈 뿐이다.
　더운 탕 속에 한 번 들어 갔다 나오면 온몸의 힘이 빠지고 앞이 캄캄하다.
　몸에 간단히 비누질을 하고 샤워기의 물로 헹구면 그만이다. 그러니 목욕탕에 간다는 것은 시간 낭비요, 돈 낭비인 것이다.
　사람들이 냉탕에 들어갔다 온탕에 들어갔다 하면서 바쁘게 움직이는 것을 보면 참 부럽다.
　특히 '사우나'라는 곳에 들어가서 땀을 뻘뻘 흘리면서 신문까지 보는 사람은 너무 존경스럽다. 심지어는 목욕탕 바닥에 드러누워 드렁드렁 코를 고는 사람을 보고 있노라면 '참 속좋다'는 생각이 든다.
　그건 그렇고, 중·고등학교 학생들이 두발과 교복의 통제가 심할 때 일이다. 저녁 시간에 목욕탕을 갔었는데 사람들이 많아서인지, 바로 앞 사람의 얼굴조차 분간할

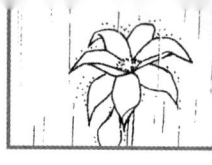

수 없을 정도로 김이 가득 서려 있었다. 샤워기 앞에서 샤워를 하던 아저씨가 나를 툭툭 치며 물었다.

"야, 몇 살이야?"

"중-이요."

하고 대답 했더니

"그래, 내 등 좀 밀어 줄래?"

하고 본론을 얘기했다.

나는 있는 힘을 다해서 빡빡 문질렀다.

아저씨가 하는 말이 걸작이었다.

"중 인 - 데(중학교 2학년인데) 힘이 세구나."

"나 중- 입니다."

"그래, 임마! 너 중인- 줄 알아."

"……"

목욕을 다 끝내고 탈의실에서 옷을 입고 있는데 아까 그 아저씨도 목욕을 끝내고 나왔다.

승복을 입고 있는 나를 보는 순간, 아주 당황스러워 어쩔 줄을 몰라 하면서

"아! 스님이셨군요. 죄송합니다. 저는 중학생인 줄 알았습니다. 저도 불자입니다. 용서하십시오."

그 사건 덕분에 그날은 빵이랑 음료수 등 대접을 잘 받았다.

極大同小　지극히 큰 것은 작은 것과 같아서
不見邊表　그 끝과 겉을 볼 수 없음이라.

포살과 정치인

나는 가끔, 오래전 송광사 선방에서의 첫 포살(집단 참회의식)을 생각한다.

처음 절에 입문해서 큰 감동을 받은 날이었기 때문이다. 아직 산천이 잠에서 깨어나지 않고 안개로 포근히 감싸여 있을 때 목탁소리가 길게 세 번 도량을 메운다. 스님들은 삼삼오오 가사 장삼을 수하고 큰 법당으로 향한다. 각각 방에 계시던 노스님들은 미리 오셔서 정좌하고 계신다.

강원에서 경전을 익히는 학인들도, 율원에서 율을 배우는 율원생들도 모두 한자리에 모인다.

율주 스님께서 단 위에 오르시면 대중들은 무릎을 꿇고 앉아 스님께서 말씀하시는 계의 목차를 경청한다.

한 목차가 끝날 때마다 스님들은 그 규율(계)에 해당하는 허물을 지었으면 부끄럼없이 일어나 스스로 삼배를 올리며 참회한다.

'세상에서 가장 성스러운 의식이 있다면 바로 포살이

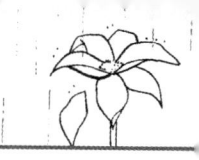

구나' 하고 그때 일을 생각하곤 한다.

포살이란 집단 참회의 성격으로 불교에서만 행해지는 수행 점검의식이다.

한 시간 남짓 진행되는데, 허물있는 사람은 참회하고 그렇지 않은 사람은 그저 묵묵히 있다.

그믐날과 보름날 두 번 행해지므로 꼭 반 달마다 있는 행사다. 땀을 흘리면서 부지런히 참회의 절을 하고 나면 속이 후련해지고 새로이 신심(信心)이 생긴다. 때로는 번거롭기도 하지만 여러 사람들이 함께 살아가려면 이런 자기 성찰을 위한 모임이 꼭 있어야 한다.

최근 어느 기관에서 직업에 대한 국민들의 신뢰도 조사를 한 적이 있다. 이 조사에서 정치인과 국회의원이 최하위 점수를 받았다. 정치를 하는 사람들은 이 일을 예사롭게 보아서는 안될 것이다. 으레 거짓말하고 둘러대기 잘하는 것이 정치라는 의식은 참으로 곤란하다.

좀 과한 생각인지 모르지만 이제 정치인들도 스스로 신뢰를 찾으려면 스스로 '정치윤리강령' 같은 것을 내놓고 보름에 한 번씩 포살이라도 하면 어떨까. 그리고 정치가 여타의 경제, 문화에 큰 영향을 미치는 우리나라만의 기현상도 개선돼야 한다.

有卽是無   있음이 곧 없음이요
無卽是有   없음이 곧 있음이니라.

산신령이 되어

목포 유달산.
2월 유달산의 양지녘은 참 따뜻했다.
"스님, 여기는 바람이 덜 분다. 몸이나 녹이자."
"우리, 제일 부자 동네 한 번 찾아보자."
"그래, 좋다."
우리는 시찰하듯이 이리저리 살피다가 어느 한 동네를 지목했다.
탁발을 하기 위해서다.
"지갑에 전부 얼마 있노?"
"만 삼천 오백 원, 아까 빵을 하나씩만 사먹는 건데……."
"어차피 그것 가지고는 배삯도 안되는데 뭐."
막 선방에서 나온 20대 초반의 두 젊은 수행자는 만행을 하다가 거지 중의 상거지가 되어 유달산 꼭대기까지 오게 된 것이다. 물론 자금은 공동 관리였다.
자금의 원천은 탁발이나 사찰에서 타는 객비다.

"배 고프재?"

"이 위에 가면 무당들이 있는 모양이더라. 한 번 가보자. 거기에 먹을 게 뭐 좀 있을 거다."

"좋다, 일단 배나 채우고 탁발하자."

등산객들한테 길을 물었다.

"무당들 산신제 지내는 제단이 어디요?"

"여기 산신은 남자 행색이라는데 남자 산신이 남자 스님들을 좋아할까요?"

한 청년이 말을 흘리면서 손가락으로 방향을 가르쳐 주었다.

법천 스님이 지나가는 소리로 물었다.

"우학 스님, 산신도 남자 여자가 있나?"

"사람 마음에 남자 산신, 여자 산신이 있겠지 뭐."

우리는 걸망을 둘러메고 난간길을 돌아 제단 쪽으로 향했다.

마침 무당꾼들이 두어 사람 내려오고 있었다.

막 행사가 끝난 것 같아서 요기는 하겠구나 싶었다.

조금 더 돌아가니 반듯하게 놓인 반석 위에 사과랑 떡이 잘 괴어져 있었다.

아무도 없었다. 우리들끼리 말을 주고 받았다.

"산신님, 죄송합니다. 같이 좀 나눠 먹읍시다."

"스님, 사람들 오면 부끄러우니까 뒤쪽에 가서 먹자."

바위 뒤쪽에서 껍질도 벗기지 않고 '와작와작' 사과를

먹고 있는데 사람들 인기척이 났다.

곧 무당으로 보이는 사람이 중얼거렸다.

"아이고, 산신님이 벌써 재물을 반이나 드셨네. 오늘 참 산신제 잘 지냈다. 재수 있겠다."

무당을 따라 온 아주머니의 말이 들렸다.

"저같이 죄 많은 사람 정성을 버리지 않으니 너무 감사합니다 -."

우리는 둘이서 킥킥 대면서도 그들의 마음을 상하게 하지 않으려고 무진 애를 썼다.

오던 길로 가지 못하고 한참이나 둘러서 아까 봐 둔 그 부자 동네로 발길을 돌렸다.

"산신님이 가시니 오늘 탁발은 잘 되겠다."

"산신을 찾는 사람이나 산신을 알아보지, 그 사람들은 잘 모를걸."

법천 스님이 바루를 들고 나는 목탁을 치면서 행진했다.

으리으리하게 큰 집 대문 앞에 이르렀다.

초인종을 눌렀더니 마이크 장치로
"누구요?"
하고 묻길래 우리는 동시에
"시주 좀 하시오!"
하고 큰 소리로 합창했다.

그런데 그 뒤로는 깜깜 무소식이었다.

안 되겠구나 생각되어, 또 딴 집 초인종을 눌렀다.
"누구세요?"
하고 이번에는 아이들 목소리가 흘러 나왔다.
"산신령이다."
하고 대답했다. 그 뒤로는 또 깜깜 무소식이었다.
우리는 수소문 끝에 목포에서 제일 부자인 조씨 성을 가진 집을 찾아갔다.
마찬가지로 초인종을 눌렀다. 그런데 안쪽에서 인터폰을 받는 것 같은데 자꾸 끊어졌다. 이러기를 수십 차례, 법천 스님이 주위를 둘러보더니
"저 담벽에 있는 저거 혹시 감시카메라 장치 아닌가?"
하고 말하였다.
바로 답이 거기에 있었다.
우리는 일부러 시간을 보낸 뒤 이번에는 초인종을 누르자마자 그 감시카메라에 비치지 않도록 담에 바짝 붙어섰다. 드디어 사람이 나왔다. 알고보니 그 집 머슴이었다. 주인은 서울에서 주로 생활하고 이 집은 별장처럼 사용한단다.
"집 구경이나 좀 합시다."
우리는 그 집 정원을 돌아보면서
"부자 동네는 사람 만나기조차 힘든다. 딴 데 가난한 동네로 가자."

하고 의견을 모았다.

셰퍼드 같은 큰 개가 아닌, 똥개가 대문도 없는 집을 지키는 어느 집에 들어갔다.

아주머니가 나지막한 방문을 열고 나오면서 찬찬히 보더니

"조금만 기다리세요."

라고 말을 건넨 후 다시 안으로 들어갔다. 조금 있다가 손에 동전을 들고 나왔다.

받쳐든 바루에 가만히 담아주면서

"저희들은 교회 나갑니다. 교회 일주일 내는 헌금이 오백 원입니다. 오백 원 드릴게요. 처음 보는 순간 꼭 젊은 산신령들 같았습니다."

"……!"

우리는 기독교인이 주는 오백 원이 더없이 귀하게 생각되었다.

若不如此   만약 이 같지 않다면
不必須守   반드시 지켜서는 안되느니라.

차별 대우

청소년 법회에서 제2부 시간에 특별활동을 하기로 하고 반 편성을 했다.

한 반은 합창단이고, 한 반은 풍물패였다.

음치들만 우선 뽑아서 풍물패를 조직하고, 나머지는 전부 합창단에 집어넣었다. 합창단 규모가 훨씬 크게 출발하였다. 그런데 이상한 현상이 생기기 시작했다. 합창단은 유야무야로 되어갔지만 풍물패는 서로 자기들끼리 단합을 하면서 성장하여 갔다.

그러더니 '부처님 오신날' 제등행렬 때는 이 청소년 풍물패가 대구 시민운동장 분위기를 휘어잡았다.

큰 행사가 끝나고 첫 법회가 열리던 날, 두 학생이 계단에 쭈그리고 앉아 울고 있었다.

다가가 보니 여고 2학년짜리인 민애와 우인이였다.

이 둘은 우리 청소년 법회의 보이지 않는 힘이었다.

나는 그들의 등을 치면서 말을 걸었다.

"다 큰 아이들이 뭐 때문에 울고 있노?"

그들은 눈물을 뚝뚝 흘리면서 자기들의 불편한 심기를 털어놨다.

"스님, 어른들이 사람 차별을 너무해요. 풍물패 아이들까지 미워졌어요."

자존심이 상하는지 더이상 말하지 않으려고 했다.

"괜찮다. 스님한테는 뭐든지 말해도 돼. 고칠게 있으면 고치고!"

"스님, 그러면 다 말할게요. 저희들이 사실 풍물패 고생하는 줄 알아요. 그렇지만, 풍물패 아닌 우리들도 말없는 응원을 많이 보냈어요. 제등행렬하던 저녁 때도 다같이 행동했잖아요. 그런데 어른들은 행사가 끝나고 풍물패 애들한테는 미에로화이바 사주고 우리한테는 두유나 던져주었어요. 운동장에서도 그들한테는 좋은 김밥 주고 우리한테는 불어 터지고 옆구리 터진 김밥 주었어요. 너무 속상해요."

두 뺨을 타고 흘러내리는 그들의 눈물이 나의 마음을 아프게 하였다.

"그래, 스님이 그걸 몰랐구나. 정말 어른들이 잘못했구나. 너희들이 속상할 만하다. 이제는 내가 좀 신경 쓸게. 스님은 풍물패든 아니든 똑같이 아끼고 사랑한단다. 알았재? 너희들이 밑에 아이들 좀 다독거려라."

고등학교 2학년짜리가 그토록 심적인 충격을 받았으니, 그 아래 학년의 학생들은 얼마나 더했을까 하는 마

음이 났다. 둘은 고개를 끄덕이고 겨우 자리에서 일어났지만 기분이 다 풀린 것은 아니었다.

우리들은 드러난 현상, 눈에 보이는 성과만을 보고 대우를 해서는 안된다. 우리가 보기에는 그들이 철없어 보이지만, 그들은 어른들이 철없다고 말한다. 음료수를 사주고 음식물을 제공하는 것도 신중해야 한다.

자기가 한 보시의 행이 더 많은 이에게 불쾌감을 준다면 그 보시는 잘못된 것이다.

그리고 어른들이 어린이들이나 학생들을 대할 때 어리다고 무시해서는 안된다. 그들은 어른들이 무엇을 생각하고, 자기들에게 무엇을 바라고 있는지까지 속속들이 다 알아채고 있다. 그들은 자기들이 더이상 미움을 받지 않기 위해서 그냥 잠자코 있을 줄 아는 지혜까지 동원하고 있는 것이다.

그런데 어른들은 잠자코 있는 것과 정말 어리석은 것을 구별짓지도 못할 만큼 바보스럽다.

　　一卽一切　　하나가 곧 일체요
　　一切卽一　　일체가 곧 하나이니라.

봉사합시다

　칠흑같이 어두운 좁은 공간에 말없이 앉은 두 사람 사이에는 견디기 힘든 정적이 흘렀다. 이윽고 말문이 터지자 멈췄던 시간은 다시 흐르고 굳게 닫혔던 공간이 열리기 시작했다.
　"스님, 저는 지금 이 세상을 하직한다 하여도 큰 미련 없습니다. 제 자신한테 미안한 점이 있다면 저는 봉사의 삶을 살지 못했습니다. 다음 생(生)에는 좀 더 건강한 몸으로 태어나서 부처님의 가르침대로 남을 위한 일도 하면서 살아가겠습니다. 미안합니다."
　"……"
　40대 초반의 아직 젊은 신도는 혼신의 힘을 다해 비수로 가슴을 찌르는 듯한 이 말들을 남기고 숨을 거두었다. 나를 만나면 꼭 해야겠다는 결심을 한듯 했다.
　아직 식지않은 그의 손을 잡고 그의 소원대로 되기를 기도했다. 불교대학 도반들의 안타까움의 눈물이 가을 빗방울 되어 쓸쓸히 빈 하늘에 뿌려질 때 그 신도는 한

줄기 화장막 연기가 되어 우리들 가슴으로 여울졌다.

"너무 착한 마음을 가지고 떠난 벗이여, 건강한 몸으로 다시 태어나소서."

그날 이후로 교도소 복지원을 방문하고 정기적인 무료급식을 하는 날, 나는 정말 열심히 봉사하는 우리 신도들의 모습에서 마지막 원을 세우고 간 한 사람을 생각하며 '인연은 참 기이하구나' 하는 것을 가끔 느낀다.

봉사는 소아적인 자기 한 몸을 버려 대아적인, 전 우주적 몸으로 바꾸는 수행이다. 자기 이익만을 챙기는 중생의 본능적 이기심은 이 수행을 통하지 않고는 도저히 안된다. 절에서 수백 명 스님들이 단체생활을 할 때에도 이 봉사에 해당하는 화장실 청소나 밥 짓는 일은 서로 하려고 자원한다.

세상에는 숱한 종교들이 있지만 하급의 종교일수록 봉사정신이 미약하다. 고등종교를 이끌어 가는 세상에 알려진 성자들은 모두 이 사회의 대봉사자다.

앞으로는 중·고등학교 내신성적에 사회 봉사활동 경력을 점수에 반영한다고 들었다. 다소 부작용이 있을 수도 있겠으나 일단 참 잘된 일이다. 좋은 일은 억지로라도 시켜야 되는 법이니까.

| 但能如是 | 다만 능히 이렇게만 된다면 |
| 何慮不畢 | 마치지 못할까 뭘 걱정하랴. |

자기 주제

포교당을 열고 얼마 안되어 여자 신도가 찾아왔다.
"스님, 포교당 하시려면 배우처럼 잘 생기셔야 되는데……. 고생하시지 말고 전 거두시지요."
이 포교당에는 처음 온 사람이었는데 첫눈에 보니, 스님 얼굴만 보고 쫓아다니는 뺀질이 신도였다.
물론 그 뒤로는 다시 나타나지 않았다.
세월이 흘러 포교당이 정상궤도에 올라섰을 때 그 사람은 아니었지만, 비슷하게 생긴 또 한 여자 신도가 찾아왔다.
"스님, 한국(영남)불교대학 大관음사가 대구에서 최고 잘 되어 가는 이유를 스님 뵙는 순간에 알았습니다. 스님은 얼굴이 大관음사 머슴처럼 생겨서 신도들끼리 질투할 일이 없겠습니다. 소문날 일도 없겠네요. 포교당은 말이 날 소지가 없으면 성공하니까요."
그 사람도 역시 한국(영남)불교대학 大관음사 신도가 되지 않았다.

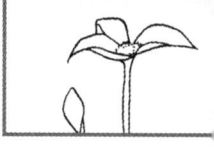

하나됨의 행렬(연등행렬)

하늘에는 오랫만에 우담바라 꽃비가 내립니다.
땅에는 연꽃 향기 진동합니다.
꽃비와 향기가 함께 어울려
덩실덩실 춤을 춥니다.

하늘에 땅이 닿고
땅에 하늘이 닿습니다.
곧, 땅은 하늘이 되고
하늘은 땅이 됩니다.
온통 뒤섞이어 하나되는 환희로움이 느껴집니다.

즐거움의 행렬이 열린 공간을 따라갑니다.
공간마저 그 속에 빨려듭니다.
요동치는 풍악소리가
그 모든 가식을 벗어버리게 합니다.
처음 태어날 때처럼 아무것도 걸치지 않습니다.

오, 세상은 본래로 하나.

찬탄의 노랫소리가
아득한 시간의 터널을 비집고 들어섭니다.
감동의 맥박 소리가
흐르는 시간마저 정지시켜 놓습니다.
그 정지된 시간은
이미 삼세(三世)에 걸쳐져 있습니다.
이 한순간을 위해 억겁의 세월이
등불로 휘장을 치며 오색찬란하게 장엄합니다.
끝내는 한 순간마저 없어져 버립니다.

인연의 성숙
그 인연의 고귀함이 오늘 다시 결실을 맺게 합니다.

축제입니다.
세상 전체가 늘 끝없는 축제, 파티입니다.

信心不二　　믿는 마음은 둘 아니요
不二信心　　둘 아님이 믿는 마음이니라.

투 표

어린이 법회에 총회장 선거가 있었다.

지도 법사인 내가 아무나 지명하면 될텐데 무슨 민주주의(民主主義)를 할 거라고 투표를 했다.

남녀가 대여섯 명 입후보했다.

먼저 두 명을 뽑고 이 두 명으로 결선 투표를 하기로 했다. 그런데 예상치 않은 일이 벌어졌다.

결선에 남자, 여자가 올라 왔는데 도저히 회장감이 아닌 남학생이 당선되었다.

말주변도 없고, 장난기 많고, 말썽만 피우는 어린이였다.

법회가 끝나고 여자 어린이들한테 물어보았다.

그들의 대답이 걸작이었다.

"키가 크고 잘 생겼잖아요."

"남자잖아요."

여자 어린이들한테서 몰표를 얻은 것이다.

그 후 6개월 동안 어린이 법회를 운영하는데 지도 교

사들이 무척 힘들었다. 팀장이 잘못 뽑히면 그 팀이 얼마나 힘드는지 실감하였다.

그리고 여자들이 이성적이지 못하다는 것도 알았다.

言語道斷　언어의 길이 끊어져서
非去來今　과거 · 미래 · 현재가 아니로다.

호구지책

'재주는 곰이 넘고 돈은 되놈이 먹는다'는 말이 있다. 자치단체에서 절 하나 달랑 있는 것을 보고 맘대로 공원으로 지정하여 입장료를 징수한다면 과연 여기에 해당하는 경우가 아닐까.

'공원지역'이라는 팻말만 꽂아 놓으면 돈이 되겠다는 발상은 참으로 기발하다. 절 짓는데 기관에서 한푼 도움 준 적도 없으면서 신도들이 십시일반 이룬 절에 신도들이 들어가는데 돈을 받는 곳이 더러 있다.

조금 안목이 있는 사찰에서는 이런 문제들 때문에 그 지역이 공원화 되는 것을 극구 반대한다. 돈만 챙기려는 기관도 밉지만 신도들의 종교활동에 많은 지장이 있기 때문이다.

최근에 신도들과 마이산 어느 절을 간 일이 있었다. 다짜고짜 입구에서 길을 막고 돈을 요구하였다. 매표소 직원들이다.

"불교신도가 절에 들어가는데 왜 당신네들이 돈을 받

소! 절 아니면 우리들이 뭣하러 여기 들어가려 하겠소."
"도립공원 지역이므로 돈을 내야죠."
"사찰을 보고 공원 만들었으면 염치가 있어야 할 게 아니오. 이동식 화장실 몇 개 갖다놓고 신도한테까지 돈 받는 법이 어디 있소."
이렇게 옥신각신 하다가 문제는 절측에도 있음을 느꼈다. 그 절의 주지가 소신이 있거나 당당하면 절 문을 폐쇄해서라도 이런 시비거리를 없애주기 때문이다.
아니나 다를까. 절의 책임자를 찾으려고 여기저기 기웃거리는데 절이 마치 살림집과 같았다. 기저귀가 도량에 나부끼고 며느리인 듯한 젊은 여자가 부시시 눈을 비비며 아기를 안고 돌아다녔다. 자기 집에 오는 손님한테 돈을 거두어도 말못하는 이유가 이런 데 있다. 처자식을 벌어 먹이기 위해 절을 운영하니 자기들(기관)도 같이 나눠먹자는 식이다.
둘 다 뻔뻔스럽다.
이 문제를 근원적으로 해결하는 방법이 있다. 종교단체에 시주하고 헌금하는 사람들은 그 돈이 과연 개인의 살림살이에 쓰여지느냐, 아니면 공공복리나 교단의 발전에 쓰여지느냐를 분명히 살펴야 한다. 종교는 호구지책이 될 수 없기 때문이다.

사이클

한국(영남)불교대학에서 한 달에 두 번씩 꾸준히 봉사활동을 하러 가는 복지원이 있었다.

신도들이 편을 나누어 순번제로 돌아가면서 방문을 했다.

이런 말이 들렸다.

"우리들이 뭐 창경원의 원숭이나 되는지 아나?"

방문을 받는 입장에서 오는 사람들의 얼굴이 늘 다르니까 서먹서먹했던 것 같다.

신도회의 논의 끝에 지원을 중단하지 않을 수 없었다. 그들에게 불쾌감을 주면서까지 봉사해서는 안되겠기 때문이다.

세상은 인연법이다.

사람과 사람, 사람과 물질, 단체와 개인, 단체와 단체의 모든 만남이 인연에 의해서 이루어지는 것이다. 서로의 사이클이 맞아 떨어지면 만남이 연속되겠지만, 그렇지 않으면 이별할 수밖에 없는 것이다.

옥야(玉耶)

 선방이나 강원에서 지내다 보면 사람 만나기가 귀찮다.
 정진하는데 방해되는 수가 많기 때문이다. 그래서 어떤 스님들은 가는 처소마다 가명(假名)을 사용하면서까지 찾아오는 신도들을 애써 만나지 않으려고 한다. 나는 그 정도는 아니지만, 대중처소에서 공부하는 기간에는 신도들에게 제발 찾아오지 말 것을 신신당부한다.
 그런데 점심공양을 마친 후 갑자기 한 무리의 보살님들이 들이닥쳤다.
 옥야회 회원들이다. 신선한 충격이었다. 그들은 젊은 이들답게 막무가내로 밀고 들어온 것이다. 선방의 도반 스님들이 무척 흐뭇해 하였다. 불교는 아예 모임도 잘 되지 않지만 모임들이 있다 하더라도 소극적이다. 그런데 옥야회는 아주 정열적이다. 포교도, 기도도, 살림도 모두 정열적으로 한다.
 나는 적극적인 그들이 너무 맘에 든다.

'옥야'는 부처님 경전에 등장하는 여자의 대표적 이름이다. 옥야는 몸매도 아름다왔지만 얼굴도 아주 예뻤다. 그러나 성격은 괴팍스럽고 못되어서 주위 사람들의 빈축을 샀다. 겉모양만 내세워서, 스스로 교만하여 어른을 공경할 줄도 몰랐다.

어느 날 시아버지의 주선으로 부처님을 뵙고는 전혀 새로운 사람으로 변했다. 속사람과 겉사람이 모두 다 아름다운, 이름 그대로의 옥야가 된 것이다.

옥야회 신도들과 이야기하고 있으면, 그 옛날 옥야를 만난듯이 생기가 난다.

축 처진 사람과 지내다 보면 같이 맥이 빠진다. 그런데 정열적인 사람들과 함께 있으면 나도 힘이 솟는다.

그들의 정열적인 모습이 좋다.

읽·어·보·실·분·만·읽·어·보·세·요!

곳곳이 다 법당이요,
목탁소리 나는 곳은 어디나 기도처

발심 / 적응 / 시작 / 한국(영남)불교대학 大관음사에서 알려 드립니다

발심(發心)

좀 더 편안하게 살고 싶고, 좀 더 좋은 곳에 살고 싶은 것은 인지상정이다.

물론 성직자의 경우도 정도 문제가 있기는 하지만, 거의 비슷할 것이다. 그런데 언젠가 어느 스님이 본사(本寺) 주지까지 지내시고 포교당(布敎堂 : 포교를 전문적으로 하는 절)을 운영하신다는 소문을 듣고 상당히 고무적이었다. 그 정도 관록이면 그 본사의 1등급 말사에 들어가서 아주 편안하게 지내실 수도 있다.

그러나 스님은 그 길을 택하지 않으신 것이다. 나는 그 스님을 늘 원력(願力) 보살이라고 생각했다.

그런데 어느 날, 그 스님께서 포교당을 운영해 보겠느냐고 제의를 해왔을 때 많이 망설였다. 나는 실력, 건강 그 어느 것 하나도 구족한 데가 없었기 때문이다. 포교당이라는 곳은 산중의 사찰처럼 오는 신도만 바라보고 있다가는 건물 유지비도 감당하기 힘든다. 손발로 뛰지 않으면 안되며, 몸소 부딪치지 않으면 아무것도 되는 일이 없다.

이름난 기도처도 많은데, 뭐하러 시멘트 건물안에 들어와 기도 참배하겠는가!

곳곳이 다 법당이요, 목탁소리 나는 곳은 어디나 기도처라는, 마음이 깨인 사람들이 아니고는 올 수 없는 나라가 포교당연화국(布敎堂蓮花國)이다.

결국 스님들이나 신도들이 다 가기 힘든 곳이 포교당인 셈이다. 사실 포교당을 운영해서 성장 발전한 예는 거의 없다. 불보듯 뻔히 알면서 운영을 해보겠다고 쉽게 나설 수가 없었던 것이다. 감포에서 어느 보살님과 이 일을 논의하고 있는데, 대학 다니는 보살님의 딸이 설겆이를 하면서 슬쩍 한마디 던지는 것이다.

"스님께서는 언젠가 '중생 있는 곳에 부처 있다'고 그러셨지요."

나는 이 말이 새삼스럽게 들렸다.

속으로 결정을 내렸다.

'그래, 그간 시주밥이나 축내었으니 조금 갚아야겠다. 부처님 은혜 갚는 길은 부처님을 소개하고 자랑하는 일이다.'

적응

거처를 산중(山中)에서 도회지 한복판으로 옮겼다.

네거리, 대로변에 위치한 사찰(포교당)은 시장 바닥보다 더 어수선하였다. 차의 경적소리, 브레이크 밟는 소리, 차끼리 부딪치는 소리 등 소음이 이루 말할 수 없었다.

꼬박 닷새를 거의 한잠도 잘 수가 없었다.

밤이면 몽유병 환자처럼 벌떡 일어나 법당을 거닐기 예사였다. 그러다가 좌선도 해보고 절도 해보았지만 별 뾰족한 수가 없었다.

옛 스님의 '시내에서 수행하고 견디는 것은 산중에서 하는 것보다 백 배, 천 배 공덕(功德)이 있다'는 말씀이 조금 위안이 될 뿐이었다.

창문을 열고 지나가는 사람들을 구경하자니 문득 묘한 생각까지 났다.

'저 사람들은 대단한 인내심과 적응력을 가진 성자들이다. 이런 곳에서 저렇게 유유히 걸을 수 있다니······.'

그 어느 날인가 나는 성자들의 친구가 되기로 단단히 맘을 먹었다.

살아가다 보니 그들은 과연 성자였다. 그들은 말없는 간섭으로, 음식 먹는 법은 물론 대화법과 점잖빼는 것까지 가르쳤다.

모든 언행이 그들의 요구대로 적응되어 가더니 차차 잠도 잘 잘수 있게 되었다.

시작

나는 늘 생각한다.

"포교는 바로 투자다."

투자없이 포교하는 일은 손 안대고 코푸는 격이다.

포교(布敎 : 진리의 가르침을 폄)에는 여러 조건이 맞아 떨어져야 한다. 실력과 정열, 그리고 돈이다. 이중에서도 독신 수행승인 비구승은 돈이 없어서 문제다. 본래 수행이라는 것이 무소유(無所有)를 미덕으로 삼기 때문에 갑자기 포교에 마음을 낸 스님들은 '어떻게 하면 포교 자금을 마련할 수 있을까' 하는 난관에 부딪치게 된다.

다행히 신심있는 독지가가 나타난다면 다행한 일이지만 그렇지 않으면 몸으로 때우는 수밖에 없는 것이다.

125만원. 이것이 처음 大관음사 포교당에 들어섰을 때 가진 돈 전부였다.

125만원 가운데 100만원을 털어서 복사기 한 대를 사고 나머지 25만원으로는 현수막 10장을 맞추었다.

"불교대학생 모집"

현수막을 다는데 별도로 돈이 든다는 얘기를 듣고, 단돈 9천원이 없어서 직접 거리로 나서기로 작정했다.

누군가 입던 체육복을 얻어 입고, 모자 한 개를 주워 뒤집어 썼다. 그리고 마스크로 얼굴을 가리고는 철물점에 가서 마지막 잔돈을 털어 펀치와 철사 한 묶음을 사서 옆구리에 끼고는 근처의 거리를 돌아다녔다.

저녁 시간이라서 많은 사람들이 오고 갔다.

행색이 꼭 깡패나 양아치 같았던지, 파출소 앞에서 서성거리다가 검문을 당했다.

"제가 경찰 생활 20년 하면서 직접 현수막 달러 나온 스님은 처음 봤심더. 틀림없이 성공하실 겁니다."

오히려 경찰이 격려해 주었다.

첫 위치를 남구청 네거리 동남쪽 모서리로 택했다. 이미 많은 현수막들이 걸려있었기 때문에 맨 꼭대기에 달지 않을 수 없었다.

현수막 한 쪽 막대기에 철사를 단단히 매고 그 철사 끝을 이빨로 물고, 전봇대에 붙어 보았다. 나무타는 재주도 없는 인간이 수직으로 선 맨질맨질한 전봇대를 탄다는 것은 대단한 일이었다. 전봇대는 본래 아래쪽에는 손잡이조차 없기 때문에, 처음이 너무 힘들었다.

온 힘을 다해 다리 안쪽에 힘을 주어 전봇대를 감고 팔을 뻗으면서 기어올랐다.

　겨우 전봇대 손잡이를 잡는데 손잡이가 덜렁덜렁 거렸다. 만일 손잡이가 빠지는 날이면 인도의 딱딱한 시멘트 바닥에 그대로 떨어져 뇌진탕으로 사망할 것은 뻔한 일이었다.

　가까스로 손잡이에 발을 올려 놓고 손은 다시 그 위 손잡이를 잡으니 다리가 후들거렸다. 그래도 나는 한칸 한칸 올라섰다.

　맨 꼭대기 현수막 위에까지 올라섰다. 아래로 내려다 보니 어찔어찔하여 현기증이 났다.

　적당한 눈대중으로 철사 거리를 조절하여 한손으로는 전봇대를 힘껏 끌어안고, 한손으로는 철사를 전봇대 둘레에 감아돌렸다. 너무 힘이 들어서 손을 바꾸려는데 삐걱하면서 손이 미끄러졌다. 하마터면 손을 놓쳐 떨어질 뻔 했다. 온 몸이 오싹했다. 아래쪽을 다시 내려다 보니 어떤 지나가는 중년 남자가 현수막을 이리저리 뒤척이며 철사가 꼬이지 않도록 보살펴 주고 있었다. 고마웠다.

　하늘에는 이슬비가 부슬부슬 내리기 시작했다.

　한쪽을 해놓고 내려와 반대쪽을 달기 위해 사력을 다해 전봇대로 기어올랐다. 힘이 빠져 아까보다 훨씬 힘들었다. 바람에 현수막이 몹시 흔들렸다. 팽팽하게 잡아당기려고 하면 오히려 몸이 휘청거려 딸려갈 것 같았다.

　나는 이를 악물고 한팔로는 전봇대를 끌어안고 반대

손으로는 철사줄을 잡고 전봇대에 감아돌렸다. 위에서 보기에는 반듯하게 된 것 같아서 조심조심 내려왔다. 완전히 탈진 직전이었다.

이제 다 되었다 싶어 길바닥 쪽에서 윗쪽으로 올려보니 현수막이 삐뚤게 주름잡혀 있었다. 나는 다시 처음 올랐던 전봇대에 또 기어올랐다.

위에서는 됐다싶어 내려와서 보면, 또 반대쪽이 주름잡혀 삐뚤게 되어 있었다. 또다른 전봇대에 기어올랐다.

이러기를 대여섯 차례 반복하다 보니 온 몸이 땀으로 젖어 있었다. 아니 땀인지, 빗물인지 몰랐다. 빗방울이 제법 굵어지고 있었다.

나는 서있을 힘도 없어서 그냥 땅바닥에 퍼질고 앉아버렸다. 아득했다.

네거리의 불밝힌 차들이 어수선하게 서로 교차하고 때로는 뒤엉켰다. 그런데 그 속에서 무슨 질서가 있는 듯했다. 네거리 깜빡거리는 신호등을 번갈아 정신없이 쳐다보았다. 무심코 고개를 젖혀 위를 보았다.

하늘은 온통 깜깜할 뿐 그 아무것도 보이지 않았다. 빗방울이 나의 얼굴에 간지럽게 다가왔다. 싫지 않았다. 엉덩이가 차가와지는 것을 느껴 바닥을 보니 제법 물기운이 촉촉하였다.

시계를 보니 벌써 자정을 넘어서고 있었다. 현수막 한 개 다는데 3시간 걸린 것이다.

나는 일어섰다. 봉덕동 효성타운 쪽으로 향했다. 더이상 전봇대에 오를 힘이 없었다. 그래서 효성타운 담벼락에 현수막을 부착했다. 혹시 지나는 사람들이 시비를 걸 것 같았지만 괜찮았다. 절에 들어와 옷을 보니 온통 진흙투성이였다.

나는 어릴 때부터 한 번 마음을 먹으면 무슨 일이든 끝까지 하고마는 외고집병이 있다.

그렇게 하지 않으면 직성이 풀리지 않는다. 몇 등은 해야겠다 하고 속으로 목표를 세우면 밤잠을 자지 않고 그 고지에 올라서는 정신력이 있었다. 교내 마라톤 경기가 있을 때도 나는 늘 그랬다. 최선을 다해 승부를 거는 것이다. 반드시 이루어짐을 체험해 왔고, 나는 그렇게 해서 일이 이루어짐이 진리라고 생각했다.

그 이튿날 저녁에도 전날과 같은 복장으로 나섰다.

얼마나 걸었던지 서부정류장까지 가게 되었다. 밤길을 수십 km는 걸은 것 같았다. 돌아오니 새벽 두 시였다.

사흘째, 나흘째도 똑같은 일이 계속 되었다. 일주일동안 현수막을 달러 다녔다.

돌아와서 책을 보려고 앉았으면 졸음이 쏟아졌다.

저절로 잠들어 엎어질 때까지 불교대학 교재를 만들었다. 그렇게 만들어지기 시작한 책이 초급반 교재인 "새로운 불교공부"이다.

돈을 아끼기 위해, 아니 돈이 없어서 별 짓을 다했다.

홍보용 전단을 손수 도안했고, 도안 원본을 복사기로 새벽까지 복사하기도 했다. 무려 삼천 장까지 한 적도 있다.

밤에는 또 그 놈을 짊어지고 오늘은 이 골목, 내일은 저 골목으로 배포하러 다녔다.

이렇게 해서 주·야간반에 들어온 1기생은 130명 정도 되었다. 처음 왔을 때는 먹을 쌀 걱정이 되더니 이제는 괜찮게 되었다. 상당히 성공적이다.

이 1기생이 바탕이 되어 드디어 한국(영남)불교대학 大관음사는 획기적 발전을 하게 된다.

한국(영남)불교대학 大관음사 신도들은 전체가 움직인다.

모두가 포교 일선에 서서 제각각 힘쓴다.

한국(영남)불교대학 大관음사를 알려 드립니다

한국(영남)불교대학!

大관음사!

한국(영남)불교대학과 大관음사는 한 몸이다.

오른손이요, 왼손이며, 나르는 새의 양 날개이다. 한국(영남)불교대학 大관음사는 대한불교 조계종 소속으로 총무원과 포교원에 등록되어 있으며, 통도사 대구 포교당이다.

불기 2540년(서기 1996년) 4월 8일 '부처님 오신날'이 꼭 만 4년 되는 날인데, 이때 쯤해서 한국(영남)불교대학 大관음사 큰절(본당, 불교타운) 건립의 첫 행보가 시작된다.

현재 시내 중심부에 그 터를 마련하였으며, 건물 지을 돈을 모으기 위해 모든 사람이 동분서주하고 있다.

우리 한국(영남)불교대학 大관음사가 짧은 기간에 이렇게 경이적인 발전을 하게 된 것은 전 신도가 스스로 주인 의식을 가지고 적극적으로 동참해 준 덕분이다. 신도 몇 사람, 스님 몇 명이 아니라 전 신도가 일사불란하게 움직이는 살아있는 불교 현장이다.

한국(영남)불교대학 大대관음사는 네 가지의 신행 목표 아래 수행하고 있다.

첫째는 '신심(信心)있는 불자가 되자'이다.

신심은 온 우주 에너지로 가득 찬, 그리고 자기자신 속에 내재된 무궁무진한 부처님의 가피를 믿는 힘이다. 그래서 한국(영남)불교대학 大관음사 신도들은 늘 참선하며 기도한다.

참선 수련회, 철야 기도회, 관음 신행회가 있으며, 가정 평안을 위한 초하루 기도, 조상 천도를 위한 지장재일 기도, 소원 및 인등 기도를 위한 관음재일 기도가 마련되어 있다. 그리고 기도하는 마음으로 사는 신도들이라서 늘 겸손하며 친절하다.

둘째는 '지적(智的)인 불자가 되자'이다.

'지'란 지식과는 달라서 입에서만 똑똑한 소리가 나는 것이 아니라, 온 몸과 온 마음에서 보살의 향내가 풍기는 것을 말한다. 지적인 불자를 키우는 프로그램에는 불교대학 교리반을 비롯하여 합창단, 다도반, 꽃꽂이반, 산악회, 사군자회 등 다양한 모임이 있다.

또, 꽃공양 후원회가 있어, 생화가 좋은 향기를 늘 법당 가득히 품어, 기도하는 이로 하여금 환희심을 내게

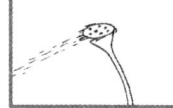

한다. 산악회에서는 자연보호 운동을 전개하고 있으며, 다도반에서는 우리의 전통 문화 보급을 위해 애쓰고 있다.

한편 대구·경북 유일의 불교 신문인 '좋은인연 신문사'가 있으며, 다양한 불교 서적을 체계있게 출판하는 '도서출판 좋은인연'이 있다. 물론 이 신문과 책의 편찬에는 한국(영남)불교대학 大관음사 신도들이 적극적으로 동참하고 있다.

특히 경이적인 사실 하나는 조계종 포교원에서 주관한 제1회 포교사 고시에서 전국 302명의 합격자 중에 무려 74명을 합격시킨 것이다. 그리고 이들 포교사 가운데에서 자체 교수진이 나와 후배들을 지도하고 있으며, 특히 거사(남자 신도)들의 활동이 어느 사찰보다 활발하다.

셋째는 '행동하는 불자가 되자'이다.

행동은 바로 실천과 통한다. 알기만 하고 행동하지 않으면 모래를 쪄서 밥을 지으려는 것과 같다. 한국(영남)불교대학 大관음사는 이 행동을 조직력 중심으로 해나간다. 100개가 넘는 모임이 매주 금요일 무의탁 노인을 위한 무료급식을 지원하고 있으며 교도소, 통합병원, 복지원 등을 수시로 방문한다. 뿐만 아니라 신도회에서 스스로 법당 관리 및 기도일의 부엌 봉사까지 맡는다. 또한 신도 상호간의 길·흉사에도 상부상조를 아끼지 않는다. 월 만원 정도의 학비가 회비로 쓰여지는데 분기별 회의를 통해 그 내역이 전부 공개된다. 사찰의 전체 재정도 공개된다.

그리고 지금까지 한국(영남)불교대학 大관음사 신도들은 대구 불교방송국 건립 서명운동을 대대적으로 전개하여 중앙에 보낸 적이 있으며, 소년·소녀 가장 돕기 법회를 마련하여 이들을 도왔다. 그리고 교도소 등 소외된 이웃에게 불교 도서 보내기 모금 운동 및 구좌 운동을 벌여 큰 성과를 거두었으며, 교도소 법요집의 통일 및 보급을 위한 고승 초청 특별법회 및 선서화전을 마련하여 전국 13개 교도소에 통일 교화 법요집을 배포한 바 있다.

그리고 한국(영남)불교대학 大관음사 신도들은 자발적으로 포교의 현장에 뛰어든다. 1,000장의 포교 전단을 돌려 단 한 명으로부터라도 전화가 오면 성공이라는 생각으로 열과 성을 다한다. 또한 어린이·청소년들을 포교하기 위해 어린이 법회 후원회가 별도로 구성되어 있어 이 회의 자체 힘으로 어린이·청소년 법회를 운영해 가고 있다.

넷째는 '성취하는 불자가 되자'이다.

성취란 열심히 기도하고 실천한 좋은 결과이다. 한국(영남)불교대학 大관음사는 성취하는 도량이다. 현재 한 학기의 신입생이 오전, 오후, 저녁반을 합쳐 600명에 이

르고 있으며, 꾸준한 어린이 포교를 통해 어린이 한문 교실에 나오는 인원이 100명에 달한다. 초등학교 교문에서 전단 5천장을 돌려 어린이 20명이 새로 입학하던 날, 신도들은 기뻐했었다. 그리고 청소년반에는 풍물패가 있어서 초파일 제등행렬, 체육대회 등의 연합행사에서 큰 역할을 하고 있다. 그리고 제 1회 대구·경북 불교 합창제에서 우리 합창단이 단연 돋보이는 성적을 거두었다.

한편 일주일만에 연등 천 개를 만든 경이적인 기록을 갖고 있으며, 무슨 행사가 있을 때마다 모든 신도들이 마을마다 벽보를 붙이고, 각 팀과 기수별로 대구 근교 구석구석 절을 찾아다니며 홍보해 왔었다. 이렇게 다들 노력한 보람으로 한국(영남)불교대학 大관음사는 자타가 인정하는 명실상부한 영남의 대가람으로 발전하고 있다.

그리고 신도들은 모두가 스스로 기도할 줄 안다. 목탁은 스님이 쳐야 한다는 고정관념을 깨뜨리고 신도가 기도를 집전한다. 이 가운데서 기도하여 성취와 영험을 보지 않는 사람은 없다. 조금 시일이 걸리는 수는 있으나, 한국(영남)불교대학 大관음사는 정법으로 바라는 바를 성취하는 도량이므로 결국에는 반드시 좋은 결과가 오는 것을 다 확신하며 그렇게 되는 것을 보아왔다.

신기(神氣)가 있어서 고생하는 사람도 스스로 기도하

고 지장재일 천도재에 참여함으로써 수개월 내에 완치하는 경우가 많다. 다 열심히 기도하는, 우리 신도들의 결집된 신심의 힘이 큰 공덕이 된 것이다.

그리고 가장 획기적이고 세계 불교사상 유례를 찾아보기 힘든 일이 있다. 스님은 안거를 들어가고 없는데도 신도들이 절을 스스로 운영해 간다. 참으로 놀라운 일이다.

나는 이같은 지금까지의 성과와 성취를 살펴 보건대, 우리 한국(영남)불교대학 大관음사가 현재 계획하고 있는 큰절(본당) 건립은 그렇게 어렵지 않을 것으로 보고 있으며, 사찰내 납골당 설치, 실버 타운형의 선방을 건립, 유치원·어린이집 운영, 세계 천 개 도량의 건립도 머지않아 이루어질 것으로 믿고 있다.

만일 독지가가 나타난다면 좋겠지만, 그렇지 않으면 우리는 이 수필집을 대대적으로 보급하는 운동을 벌여 이 이익금으로 재원을 마련할 참이다. 일요일이면 책을 둘러메고 갓바위 산자락에 오르는 사람들이 있다. 참으로 눈물겨운 일이다. 보다 뜻있는 분들의 십시일반 동참을 바랄 뿐이다.

우리 한국(영남)불교대학 大관음사는 이렇게 네 가지의 신행 목표를 두고 열심히 수행하고 있다. 요약해서 신해행증(信解行證)으로 표현되는 우리 정법불교의 신행활동은 우리 모두를 부처님 세계로 열어갈 것이다.

신도 전체가 보람을 가질 수 있는 도량, 신도 스스로가 주인이라는 생각이 드는 도량으로 가꾸기 위해 개인의 사사로운 욕심을 버리고 크게 화합하는 불심(佛心)을 가꾸는 도량이다. 현재 한국(영남)불교대학 大관음사는 본당 건립기금 마련을 위해 법당내에서 상설 바자회를 열고 있으며, 경판 모시기 구좌 운동도 함께 전개해 나가고 있다.

　한국(영남)불교대학 大관음사는 현재 한국 불교 발전의 모델을 제시하고 있으며, 큰 희망이기도 하다.

　뜻있는 분들의 주저없는 용기와 동참을 기대하는 바이다. 한 사람의 정성이 귀중한 시기에 있다.

　끝으로 한국(영남)불교대학 大관음사 전 신도에게 무한한 감사의 마음을 전한다.

행운을 드리는 108이야기, 신심명

저거는 맨날 고기 무고… ❷

- 초판 1쇄 _ 1996년 7월 1일
- 재판 3쇄 _ 2010년 10월 5일

- 지은이 _ 無一 우학 스님
- 편   집 _ 김현미, 김소애, 김은미
- 펴낸곳 _ 도서출판 좋은인연(한국불교대학 부속 출판사)

- 등   록 _ 1994년 1월 20일〈제 4-88호〉
- 주   소 _ 대구광역시 남구 봉덕3동 1301-20번지
- 전   화 _ (053) 475-3707
- 팩   스 _ (053) 475-3706
- E-mail _ buddhabook@hanmail.net

- 저자와의 협의에 의해 인지를 생략합니다.
  잘못된 책은 교환해 드립니다.

- ISBN _ 978-89-86829-02-0 04220